PAUL LEPPIN ALT-PRAGER SPAZIERGÄNGE

PAUL LEPPIN

ALT-PRAGER SPAZIERGÄNGE

HERAUSGEGEBEN VON
DIRK O. HOFFMANN

P.S.
VERLAG
PETER SELINKA

ISBN 3 926532 26 2

Umschlag: Peter Selinka, Köln
versehen mit
Alt-Prager Bildmotiven
von Pavel Scheufler

Druck und Bindung:
Gerhard Steidl, Göttingen

Löwenzahn,
dem liebenswürdigen Falter
und dem Träumlein Marianne
gewidmet

Frühling um 1900

Frühling um neunzehnhundert! Unwiederbringliche Zeit!
Du hattest für gläubige Menschen heimliche Wunder bereit –
Wandernde Wolkenkähne glitten froh durch den Tag,
Schwammen lenzlich bewimpelt über dem goldenen Prag.

Wie gleißte die alte Brücke glückverheißend und hell!
Der steinerne Türkenmann drüben war ein guter Gesell –
Auf seinem grimmigen Säbel funkelte sonniger Tau,
Märzwind kehrte die Straßen, und der Himmel war blau.

Johann von Nepomuk wachte, hinschauend über dem Fluß,
Über die heilige Treue, die man bewahren muß –
Betende Nonnen gingen zaghaft mit frommem Schritt,
Nahmen auf ihrem Wege scheu sein Vermächtnis mit.

Überall keimte die Liebe, überall war ihr Glanz,
Glühende Herzen strahlten wie im Dom die Monstranz,
Denn was will noch die Gnade auf dieser unseligen Welt,
Wenn sie nicht flammt und blendet wie der Dornbusch im Feld?

Frühling um neunzehnhundert, sei uns noch einmal geschenkt!
Wir sind so arm und von trüben Nachtgespenstern bedrängt –
Wir brauchen das Licht des Lebens, das erlöserisch rinnt,
Weil wir Gestürzte, Verfemte am Saume der Finsternis sind.

Alt-Prager Erinnerungen

Der Eingeborene, der nicht nur im Vorüberhasten einem flüchtigen Fassadenzauber erliegt, weiß, daß Prag verschiedene, sehr wandlungsfähige Gesichter hat. Aus stumpfen Abenden, wo eine kleinmütige Langeweile zwischen den Häusern hockt, wächst es plötzlich in phantastische Nächte hinein, greift mit schwarzen Türmen nach den Sternen. Es kann sehr feierlich sein, mit allen Schauern der Historie beladen, um in der nächsten Minute gutbürgerlich, harmlos, läppisch friedfertig zu werden. Manchmal ist es ledern und zum Verzweifeln nüchtern, manchmal rumoren darin geheimnisvolle Kräfte in ungewohntem Überschwang.

Es mag an der Zeit liegen, ihrem unzufriedenen Tempo, das schließlich in den großen, unselig großen Krieg gemündet hat, an der leidigen Politik, die hier mehr als wo anders in den Gemütern spukt, daß Prag in dem letzten Jahrzehnt eigentlich immer eine über Gebühr verdüsterte Miene zeigte. Die kindliche Fröhlichkeit, der gutmütige Humor, der hier einmal bodenständig war, sie haben auch schon in Friedenszeiten einer mürrischen Laune Platz gemacht, die nur in den Bierhäusern und Schenken im Kreuzfeuer verschmitzter Stammtischwitze im Spektakel unterging.

Wenn ich an meine Kindheit denke und an die Jahre, die ihr folgten, wo noch das Leben heiter und unbefangen in den alten Straßen rollte, kommt mir zuweilen das Wort von den Phäaken in den Sinn, das irgendeiner einmal mit Beziehung auf Wien und die Wiener in Umlauf brachte. Ich kenne Wien fast gar nicht und kann nicht beurteilen, ob das Wort damals zu Recht oder zu Unrecht erdacht wurde, aber mich dünkt, es gab eine Zeit, in der es ebensogut auf Prag und seine Bevölkerung hätte angewendet werden dürfen. Allerdings, das Überschäumen, das Flotte, das Kavaliermäßige stand hier weniger im Vordergrunde, es war mehr Beschaulichkeit als Stimmung, ein bedächtigeres Genießen, eine philiströsere Ausgelassenheit. Der Sinnengenuß verzettelte sich hier in einer Folge unschuldsvoller Lustbarkeiten, in deren Umkreis man sich behaglich vergnügte und die Welt mit ihren Sorgen und Pflichten unbedenklich dem Herrgott überließ.

Der Kalender schien manchmal extra für die Lebkuchenhändler, die Gaukler, die fliegenden Verkäufer gemacht zu sein, die mit ihrer leicht beweglichen Habe von einem Festplatz zum anderen eilten, heiße Würsteln, türkischen Honig, Pfefferminztafeln feilboten, das Schicksal voraussagten oder den erglühenden Backfischen für ein paar Kreuzer die Photographie ihres zukünftigen Bräutigams fix und fertig in das Handtäschchen steckten. Besonders der Karlsplatz war wegen seiner zentralen Lage für die Festivitäten dieser Art hervorragend geeignet. Die Buden mit den Pfefferkuchenreitern, den knallroten und giftgrünen Bonbons gehörten damals schon mit zum Bilde der sorgsam gepflegten Anlagen, wo die Pensionisten nach der Frühmesse ihren Morgenspaziergang machten, wo verrunzelte Mütterchen tagtäglich die Spatzen mit ihrer Frühstückssemmel fütterten und wo sich die Weihrauchgerüche der Jesuitenkirche mit dem Sprühdampf der Springbrunnen und dem Bierdunst aus den nahen Brauereien zu einem anheimelnden Aroma mengten.

Am Ostermontag beging man hier das Emausfest. Das Wetter war gewöhnlich schon warm und die Frühjahrssonne lag auf dem vierschrötigen Turm des Strafgerichtsgebäudes, auf den Giebeln und Dächern, die den grünen Platz, von einigen modernen Bausünden abgesehen, in wundervoller Anspruchslosigkeit umrahmen. Schon auf dem Wege dahin, straßenweit, noch an der Grenze der Weinberge, begegnete man den Vorläufern der gebotenen Genüsse, wildgewordenen Trupps von kleinen Gassenjungen, die mit Ratschen, Trompeten und Gummiblasen einen unerlaubten Radau vollführten. O, wie klopfte damals das kindische Herz, fieberte gierig in tiefstem Entzükken! Luftballons hingen an schwankenden Schnüren in der goldhellen Luft, verzuckerte Mandeln lockten und in den winzigen, mit schmutziger Leinwand verhangenen Theaterhäuschen, auf einer Bühne, die aus einem quergelegten Brett bestand, wurde das ewige Stück vom Kaspar, dem Tod und dem Teufel gespielt, während ein zerzaustes Meerschweinchen in geduldiger Resignation statierte. Niemals war ich dem Paradiese näher, niemals hat mich das Wunder der Welt ahnungsvoller durchflutet als damals. Ein paar Tage später, am Mittwoch nach Ostern, wurde dann in der Vorstadt draußen, auf der Nusler Wiese die »Fidlowatschka« abgehalten, eine Alt-Prager Feier der Schustergilde, die mit ungeheurem Lärm in Szene gesetzt wurde. Das Volk, noch ungesättigt von den Herrlichkeiten des Emaustages, strömte hinaus und in manchen Jahren stieg die Zahl der Besucher weit über fünfzigtausend.

An den Tagen des heiligen Josef und des heiligen Nikolaus war der Altstädter Ring der Schauplatz buntwimmelnder Jahrmarktsfreuden. Hier bauten sich die Zelte der Verkäufer bis dicht an den Rand der Gehsteige auf, vom Gasthof »Zum alten Ungelt« bis hinüber zum Rathaus mit der ehrwürdigen Aposteluhr. Soldaten und Dienstmädchen, zugereiste Bauern und Einheimische standen da in hellen Haufen, blickten unverwandt nach dem merkwürdigen Ziffernblatt mit den unverständlichen astronomischen Zeichen, bis dann die Glocke anschlug, die Schiebetürchen in der Mauer sich auftaten und die zwölf Gottesmänner vorüberwallten, während Freund Tod geschäftig den Strang zog und der heisere Hahn melancholisch kikerikite. Die Türchen schlossen sich wieder und die zusammengeballten Gruppen wandten sich nachdenklich den greifbareren Vergnügen zu, die ihrer im Getümmel der Budenstadt harrten. Bis nach dem Einbruch der Dunkelheit herrschte das lustige Treiben und die grausilbernen Türme der Teinkirche schauten verwundert auf den Ringplatz nieder, wo die schlanke Mariensäule noch von Krieg und Pestilenz berichtete, wo der Schritt der Jahrhunderte Spuren und Runen zurückgelassen hatte, wo jetzt zwischen den flackernden Windlichtern kichernde Mägde die Burschen mit langstieligen Pfauenfedern neckten, wo die Nikolas mit den weißen Bärten aus Watte steif und unbeweglich auf den runden Holzbrettchen standen, geradeso, als ob der ganze Trubel nicht ihnen zu Ehren veranstaltet worden wäre.

Spät erst, als sich die Finsternis schon dichter webte, als der Mond über dem Ghetto aufstieg, verlor sich der Schwarm. Die Liebespärchen, erhitzt vom Gelächter, wandelten heimwärts, küßten einander verstohlen im Schatten alter Paläste, stiegen wohl noch über die Karlsbrücke nach der Insel Kampa hinunter, wo es um diese Stunde schon wundervoll einsam war, wo die knorrigen Robinien am Flußufer wuchsen, die im Sommer so betäubend rochen und wo das Wasser melodisch in ihr seliges Stummsein murmelte. Der gewappnete Roland auf dem Vorhaupt des Brückenpfeilers hielt gut Wacht, der heilige Ivo und die heilige Barbara auf der steinernen Brüstung drüben schmunzelten und blickten geflissentlich nach der anderen Seite hin.

Für die Verliebten und alle, die es werden wollten, waren das herrliche Tage. Nirgends fanden sich Herzen und Hände leichter wie hier, beschwingt von dem glücklichen Taumel einer müßigen Unbesonnenheit. Besonders die Feier des heiligen Nepomuk, des böhmischen Landespatrons, war ein Festtag der Liebe. Am 16. Mai, unter Blüten und Frühlingsschauern, wurde um sein Standbild auf der Brücke ein hölzerner Altar gebaut, wo die frommen Landleute ihre Andacht verrichteten, die jährlich zu Tausenden in die Hauptstadt kamen, um dort zu beten. Farbige Lampen wölbten sich wie ein Sternkranz über dem Bilde und am Vorabend des Festes kletterten aus dem Flusse, aus bewimpelten, mit Lichtern besteckten Moldaukähnen züngelnde Raketen in die laue Luft, glühten hoch oben zu kreisenden Sonnen und feurigen Rädern auf und stoben mit leichtem Geknatter als rotbunter Regen wieder ins Wasser. Auf den Höhen des Laurenziberges, an den Ufergeländern des Kais, in der Fahrbahn der Brücke drängte sich eine unübersehbare Menschenmenge und folgte dem Schauspiel mit Entzücken. Scherzworte flogen über die gaffenden Köpfe, Lieder erwachten summend irgendwo im Menschenknäuel, Mädchenstimmen kreischten angstvoll, plapperten munter und sehnsüchtig. Die großen Kastanienbäume hatten ihre Kerzen angetan, der Himmel war tief, die Fenster der Burg und der Veitsdom leuchteten noch ein wenig von den sanften Flammen des Abends und in der Seele drinnen steckte eine kuriose Zärtlichkeit und quälte unbändig.

Wenn das Feuerwerk vorüber war, verlor sich die Menge eilig in den nächsten Gassen, um in den Bierhäusern der Altstadt oder der Kleinseite noch ein gutes Plätzchen zu ergattern. Im Augustinerbräu neben der Thomaskirche, in der Nachbarschaft des mächtigen Waldsteinpalais, warteten schon die Musikanten auf die Gäste, beim »Glaubitz« oder beim »Montag« unter den Lauben des Radetzkyplatzes, wo noch die Stimmung des dreißigjährigen Krieges über den rohgezimmerten Wirtshaustischen lagerte, herrschte bald reges Leben. In die altböhmischen Stuben des volkstümlichen Bräuhauses »Beim Fleck« ergoß sich ein durstiger Schwarm, die drallen Kellnerinnen balancierten mit geübten Griffen hochschäumende Krüge über den Häuptern der Ankömmlinge, fliegende Händler stellten sich mit reichbeladenen Körben ein und würzten den prächtigen Trank mit eingelegten Zwiebeln, Paprikaschoten, gerollten Sardellen, Büchsenhummer und schwarzen Radieschen. Die kontemplativen Genießer, die der laute Lärm der Menge in ihren Träumen störte, flüchteten in das Kleinseitner Bierzimmer »Beim Schnell«, das in der Zusammensetzung seiner Besucher ein gemütvolles Bild des alten Österreich verkörperte, wo Statthaltereiräte und hohe Offiziere zwischen beleibten Pfahlbürgern eingepfercht saßen, wo die verräucherten Napoleonbilder an den Wänden unzeitgemäße Gefühle weckten und wo man beim Dampf einer Kaiservirginia das berühmte Pilsner in respektvollen Schlucken trank, das nirgends auf der ganzen Welt so samtweich und herzstärkend durch die Kehle floß wie hier. Die Schätzer des Weines und seiner gehaltvolleren Blume kehrten beim »Binder« ein, in dem altväterischen Weinlokal auf dem Altstädter Rathausplatz, wo ein hundertjähriges Gewölbe poetische Grübler zum Verweilen verlockte, wo silberhaarige Greise einander aus den Tagen der Jugend erzählten und der Herbergsvater seit alters seine Ehre für die unverfälschte Glut seines Tropfens verpfändete.

Prag, du schöne, vom Alter geschwärzte Stadt, wo im Frühjahr das helle Grün deiner Gärten finstere Mauern verkleidet, wo im Winter der Schnee deine Giebel mit Märchenhauben aufputzt! Die Zeit, der Krieg, der Tod, sie haben in dein unverwüstliches Antlitz geblasen, daß es verdrossen und grämlich dreinblickt, daß Lieblichkeit und Frohsinn fast gänzlich daraus geschwunden sind. Die Raketenlichter deiner Johannestage sind wohl für immer verlöscht, die krummen Zeilen deiner Zaubergäßchen stehen lendenlahm in einer Welt, die über die großen Fragen des Tages das süße Schwärmen in die Vergangenheit vergessen hat. Deine Vergangenheit bröckelt langsam ab. Deine Adelshäuser trauern gedrückt und verschämt zwischen dem Hochmut zudringlicher Zinspaläste, dein über die Maßen reizvolles Barock weicht immer mehr dem rücksichtslosen Anhieb einer barbarischen, neumodisch verkleisterten Renaissance. Wo ist deine Judenstadt geblieben, diese aus Blut und Andacht geschweißte Ballade, wo die Mondschatten in dem alten Gemäuer jagten, wo unbegreifliche Torbogen, blinde Höfe einen haltlosen Schrecken aus der Seele hetzten? Langweilige Kasernen stehen auf deinem Boden und nur der Mißmut gespenstert in deinen Bezirken.

Prag, du mit dem Janusgesicht, das aus der Rumpelkammer der Geschichte seltsame Geräusche, zitternde Ahnungen hervorzuholen vermag, das uns mit dunkler Schönheit überwältigt und plötzlich in dem Habitus eines Provinzlers erscheint, der ein Späßchen mag und einen Trunk nicht verachtet – wir, die wir hier geboren sind, wir lieben dich mit allen Kräften. Wir lieben dein tragisches Halblicht, deine Größe, deine Biederkeit, deinen Haß und deinen Humor. Was wird aus dir werden? – Wird dich die Not, die Ehrsucht der Zeit so völlig zwischen ihrem Gleichmaß zermahlen, daß nichts übrig bleibt von deinen köstlichen Beständen? Wird über dein wandlungsfähiges Antlitz, wo freundliche mit schwermütigen, derbe mit ehrfürchtigen

Lichtern wechseln, endgültig die Maske der uniformen Modernität gestülpt, die dich aus dem Bereiche holder Sagenstädte in die Überzahl gleichgültiger Ansiedlungen hinausweist? Wird nichts von dir bleiben als ein paar verlorene Schlupfwinkel, ein paar Türme, eine Brücke, ein Lied oder eine Chronik aus entschwundenen Tagen? Das neue Prag, das den Glanz des Tages erstrebt und bereiten will, mag groß und tüchtig sein, blendend und voll lebendiger Zukunft, aber es hat keine Wunder.

Alt-Prager Motiv

In Prag, im winkligen Gäßchen,
Steht windschief ein Stundenhotel,
Es laden zu wonnigen Späßchen
Die flackernden Torlichter grell.

Strichmädchen und Tagediebe
Lustwandeln ein und aus,
Gelächter und flüchtige Liebe
Rumoren nachts durch das Haus.

Und brennen die Lampen trüber
Wird, wenn der Morgenschein graut,
In der Kirche grad gegenüber
Eine jubelnde Orgel laut.

Das Volk der singenden Beter
Drängt sich zum heiligen Amt,
Reumütige Missetäter,
Von goldnen Kerzen umflammt.

Dann spüren die kleinen Grisetten
Im Traume ein Glück, das sie traf –
Gottvater schwebt über den Betten:
›Schlaf, törichte Sünderin, schlaf! – ‹

Bergpredigt in der Schänke

Ihr müßt nicht glauben, wenn ich so zu euch rede, daß ich den Wein nicht vertrage. Es war wirklich so in dem alten Prag, dem sie jetzt allenthalben mörderisch an den Leib gehen, Gott sei ihnen gnädig. Da bohren sie klaftertief in dem Schutt herum, graben Grundwasser auf, froschgrünen Schlamm, daß einem das Frieren ankommt. Und acht Wochen darauf steht schon der Glaskasten da, ein metallener Turm mit haushohen Fensterscheiben. Es ist alles sehr schön, was die Zeitungen schreiben, vom Tempo der Zeit und daß der Verkehr neuen Raum will. Aber ich bitte Sie, wo ist da noch Platz für ein bißchen Geheimnis? Das ist es, was die Welt heut glücklos macht, trübselig finster trotz Lichtverschwendung und greller Reklame. Man hat vergessen, daß der Mensch ein Asyl braucht, Muße sich zu besinnen. Glauben Sie nicht, daß man früher edelsinniger war, sanftmütiger, barmherziger. Aber da gab es Schankstuben, wo man mit sich allein war, Wanduhren, die anklägerisch tickten, Stunden, die einem zeigten, was Leben bedeutet. Da kam man in engen Basaren aus Straßenlärm in plötzliche Stille, Flurgänge führten verstohlen in schmalbrüstige Höfe, wo zwischen Hausrat und schiefem Gerümpel das Weinzimmer schummerte. Man hatte Zeit, sein Tagwerk zu betrachten, mitsammen zu sprechen, einander ins Herz zu sehen. Symbole des Irdischen, die jetzt überall den neuen Emblemen weichen, brachten Einfältigkeit, Wissen um fremdes Schicksal. Man war eine große Gemeinde, durch Titel und Uniformen, Namen und Stockwerke von einander getrennt, aber in allen Gassen, breiten und winkelwegigen, wohnten benachbarte Seelen. Das war das Feine, Gutwertige dabei, daß keiner sich ausgeschlossen fühlte, alle heimlich verbunden waren, durch die Stadt, die Moldau, die Brücke, die jedem gehörte. Im Dunkeln, wenn das Brausen verstummte, war es besonders zu spüren. Das alte Prag, wenn Nacht es verzauberte, war das

Paradies der Kumpane. Das war Gemurmel und Schäkern, heilfrohes Dusagen fast ohne Ende. Der Polizeisoldat und die Schnepfen, Studenten und Sonderlinge, der Würstelmann unterm Kandelaber waren wie Brüder und Schwestern. Und sehen Sie, das ist es, was ich erzählen wollte, was mir an Tagen wie heute querköpfig durch den Sinn geht, wenn das rote Wässerlein da im Glase funkelt, junge Leute vor mir beim Tische sitzen und mich zum Schwatzen verleiten. Es sind dumme Geschichten, aber ich sage Ihnen, damals war Jugend dabei und auch sehr viel Gnade.

Sie werden entgegnen, daß ich ein Maulheld bin, ein alter Bummler, der gerne flunkert. Aber Sie haben die Zeit nicht gekannt, als noch die Pferdebahn über den Wenzelsplatz trabte, das Gasthaus »Zum Reitknecht« und die Rautnitzer Bierhalle. Die Burg, wo jetzt der Herr Präsident wohnt, war ein ungeheures, schweigsames Haus, wo der Schloßhof hallte, wo man sich fürchten konnte. Und dann war die Judenstadt da, haben Sie eine Ahnung? Wer das gesehen hat, wie hohle Fassaden am Abend zusammenkrochen, zu Klumpen sich ballten, rätselvoll sich verwirrten, Freudenhäuser ihre roten Signale über gespenstischen Türen entzündeten, wird es niemals vergessen. Freudenhäuser gab es in Prag beinahe hundert. In allen Winkeln blinkerten ihre Lichter, wo es düster und einsam wurde, Armut sich duckte, Finsternis in die Nischen einbrach. Aber es war nicht so, wie man gemeinhin sich's denkt, es war nicht schmutzig und böse. Man ging dorthin, weil der Tag einen Abschluß brauchte, Romantik im Blut rebellierte, sehnsüchtig war nach galanter Musik und Gelächter. Euch, denen moderne Sachlichkeit das Konzept verpfuschte, die ihr naive Empfindung so oft zur Verstiegenheit stempelt, ist das wohl kaum verständlich. Trotzdem, ich lüge niemals, es war so. Zwischen uns, Nachtschwärmern und Eigenwilligen, Vasallen der alten Stadt und den Frauen im Judengäßchen gab es eine Art Freundschaft. Sie, die aus Zärtlichkeit einen Beruf machten, hatten Güte, Kameradschaft, Geschwisterlichkeit. Da kam es vor, daß wir einen Stromer auf dem Pflaster gefunden hatten, einen Landstraßenbruder, der ohne

Geld und Quartier auf dem Prellstein hockte und nach erleuchteten Fenstern hinsah. Den nahmen wir mit, und die Weibchen waren zutraulich zu ihm, stopften zerrissene Taschen mit Zigaretten voll, fütterten ihn mit Konfekt und gesüßten Likören. Oder der »Attaché« war unser Gast, ein verschämter Hausierer, der irgendwie in den Niederungen gestrandet war, dessen Diplomatenprofil den Spitznamen rechtfertigte. Wenn dann Klavierspiel die Stimmung entflammte, wenn der schwüle Salon mit Frohsinn gefüllt war, packte er seinen Handkoffer aus und verkaufte die »Rose von Jericho«. Das war ein verschrumpftes Kraut, das im Wasser Kraft, verblichenen Glanz wiedergewann und himmlisch im Kelchglas duftete. Die Damen des Hauses waren eine freigebige Kundschaft. Eine Wochenlosung war über Nacht verdient, Lächeln strahlte um einen enttäuschten Mund und Silbergulden läuteten. So ging es zu in den verrufenen Häusern. Aber das Beste, das ich damals erlebte, das mir als goldene Legende der Großstadt immer liebenswert geblieben ist, war die Geschichte vom kleinen Flaps, der einmal im Weinrausch die Schüchternheit überwand und mit zu den Mädchen wollte. Der kleine Flaps, müssen Sie wissen, war ein ganz armes Kerlchen. Ein hilfloses Wrack, das Stiefmütterchen Natur um alles betrog, was die Welt uns begehrlich macht, um Leichtfertigkeit, Gesundheit und Freude. Er war bucklig und fahl, mit Hasenlippe und geröteten Augen. Die Haut schälte sich widerwärtig auf seinem Leib, die Zunge war schwer und er stotterte. Und seh'n Sie, manchmal ist Häßlichkeit ein Geschick, das sich federleicht trägt, wenn Selbstbewußtsein und Eitelkeit seine Tragödie verschleiern. Beim kleinen Flaps war es anders. Er wußte, daß er ein Menschenschreck war, ein schielendes Unglück, daß er an der Tafel des Lebens zuunterst saß zwischen Domestiken und Bettlern. Wir hatten ihn gern, weil er traurig war, wehleidig, bescheiden. Darum war es im Grunde eine melancholische Ungelegenheit, als der Wein ihm zu Kopf stieg, als er eine Stunde lang glaubte, wie die andern zu sein, Glücksanteil für sich in Anspruch nahm und die brandhaarige Eva bat, ihn mit sich in ihr Zimmer zu nehmen. Sie spötteln, daß ich vom Glücklichsein spreche, wenn einem ein Dirnlein an den Hals fliegt. Aber wenn Sie den Flaps gekannt hätten, den armseligen Hascher, der den Frauenzimmern wie ein kranker Hund aus dem Wege ging, an Tränen würgte, wenn ein Buch, ein Theaterstück, ein Gespräch ins Gefühlvolle abglitt, würden Sie still sein. Und die Eva war schön, alles was recht ist. Es war etwas Stolzes in ihrem Gesicht, in der Art ihren Kopf zu tragen, aus den Augen zu blitzen, daß wir eine Sekunde lang meinten, sie werde den Buckelmann abweisen, hochfahrend kränken. Aber sie stand schweigend auf und ging mit ihm über die Treppe. Es ist mir noch heute deutlich erinnerlich, wie die beiden dann wiederkamen. Der kleine Flaps war ganz nüchtern, sein Rausch war verflogen, die unreine Haut auf verbeulter Stirne flackerte unfroh. Angst lag in seinem Blick, Abbitte um Verzeihung, als er der Rotlockigen einen Geldschein zusteckte, zwanzigmal mehr, als es üblich war, als die anderen bezahlten. Da war es, wo das geschah, was uns alle wie Andacht berührte, ein heller Moment, der die arge Spelunke auf einmal ganz heilig machte. Sie schob die Hand mit dem Geld zurück, strich gut über sein Haar und sagte: »Das darf nicht sein. Du beleidigst mich. Für dich tu' ich alles aus Liebe!«

Ich weiß nicht, ob Ihnen klar ist, was sich da abspielte. Unsere Zeit ist von Schlagworten voll, die prahlerisch im Tageslicht stehen, Beifall und Teilnahme heischen. Da gibt es Weltbürgerschaft und soziales Ethos, Kommunisten und Rechtsradikale und so weiter. Aber von allen Dingen, die mir seither in die Quere gekommen sind, war nichts so schön wie die Worte, die der kleine Flaps aus der Kneipe mitnahm. Und wenn Sie ihn nachher gesehen hätten, die schmerzhafte Kreatur aus Gottes erbärmlicher Rumpelkammer, wie er verzehrend vom Fieber gepackt wurde, das irgendwoher ihn ergriff, aus Tiefe, Ewigkeit, sternnaher Weite, wie er beseligt aufglühte, verloren erbleichte, dann würden Sie die Pointe verstehen. Sie würden erkennen, daß von Unrat und Gift nur ein Schritt zum Herrlichsten ist, ein Katzensprung vom Barmädel bis zur Traumfrau. Und Sie würden das alte Prag begreifen, das hinter verschrobenen Giebeln ein Flämmlein hütete, das aus Tagen der Gottsucher und Wundermänner ererbt war, das süß rubinrot brannte, wenn Kostbares sich ereignete, wenn einer den anderen vom Übel erlöste.

Nikolotage im alten Prag

Niemand, der es einmal erblickte, wird jemals das Antlitz des alten Prag vergessen. Es war von Runen und ehrwürdigen Falten durchfurcht, vom Licht eines geheimnisvollen Lächelns umschimmert, spitzbübisch und heilig, griesgrämig und schwärmerisch. Das aristokratische Profil seiner Adelspaläste stieg nicht immer aus mystischen Hintergründen empor, kleinbürgerliches Gewinkel gab ihm den Reiz. Behäbigkeit schmunzelte unter zerbröckelten Giebeln und das Leben ging in geruhsamen Gassen einen vertrackten Gang. Besonders im Winter, wenn der Schnee die Dächer verwehte, lendenschwache Kamine mit tragischen Hauben schmückte, boten Straßen und Plätze das Bild traulicher Betulichkeit, altväterischer Grandezza. Da brieten vermummte Männer knisternde Kastanien auf dampfenden Öfen, die wie kleine Lokomotiven am Rande der Fahrbahn standen und die Vorübergehenden mit romantischem Duft zur Naschhaftigkeit verlockten. Schulkinder schlidderten auf den Gehsteigen, die Stimme der Drehorgel sang melancholischer als sonst in den zugigen Höfen, und am Abend ging der Laternenanzünder mit geschulterter Stange durch die Stadt und entfachte im gläsernen Gehäuse der Lampen ein mildes Flämmchen, das blank und anheimelnd brannte, aber die Schatten der Dinge respektvoll blinzelnd im Umkreis duldete.

Der erste Feiertag der kalten Jahreszeit, der Stimmungszauber in Haus und Familie brachte, von Vorbereitungen, erwartungsvollem Geflüster, versteckter Freude begleitet wurde, war der 6. Dezember, der Tag des heiligen Nikolaus. Schon in der Woche vorher tauchten in Auslagefenstern, von Purpur und gelben Feuern magisch bestrahlt, kleine und große Papierteufel auf, Puppen mit brandgrellem Wams, Zinkengabel und höllisch gebleckter Flanellzunge. Besonders die Zuckerbäcker und Delikatessengeschäfte wetteiferten in sinnreich erdachten Dekorationen, die den Heiligen mit dem traditionellen

Bart, mit Krummstab und Mütze zwischen geräucherten Sprotten und Sardinenbüchsen zeigten, ihm zur Seite den Gast aus der Unterwelt und einen unerhört blauäugigen, kitschigen Engel. Eine Arme-Leute-Industrie, die sich bezahlt machte, war der Verschleiß der Nikoloruten. Da gab es ganze Büsche phantastisch geputzter, mit Goldglanz beklebter, mit giftfarbenen Bändern bewimpelter Besen, Entzücken und Sehnsucht der Kinder, die den bunten Markt mit Gefühlen bestaunten, die aus zweifelnder Andacht und gruselnder Gläubigkeit furchtsam gemischt waren.

Am Vortag des Festes erwachte auf dem Altstädter Ring, zu Füßen der Aposteluhr, wo alle Stunden der Tod am Glockenstrang rüttelte und der biblische Hahn warnend zu krähen anhub, ein geschäftiges Treiben. Bretterbuden, im Fluge zusammengenagelt, wuchsen über Nacht aus dem Pflaster. Bemalte Leinwandzelte verkündeten Pracht und Blutrausch historischer Kabinette. Feigen, Nüsse und Datteln wurden von listigen Händlern zu Bergen gehäuft. Die roten und strohgelben Würste aus weichem Zucker hingen verführerisch an den Schnüren, unter denen im Dunkeln die Windlichter flackerten und von dem wundervollen türkischen Honig bekam man für einen Kreuzer ein Stück, das Begehrlichkeit für Stunden verscheuchte. Fliegende Photographenateliers verewigten die Besucher auf kleinen Blechtafeln, Kaspar trieb sein unsterbliches Spiel auf improvisierten Bühnen, Mandeln wurden geknabbert, Mädchen flanierten mit ihren Verehrern im Bezirke des Paradieses, Festpatrone, brauenbuschig und komisch, standen verkaufsbereit auf den Regalen und hatten schneeweiße Bärte aus Watte.

Nachher, wenn die Lichter erloschen und der Trubel verrauscht war, versammelte sich musikfrohe Jugend in Bierstuben und Wirtshäusern der Stadt bei der Nikolounterhaltung. Da gab es Quartett und Gesang, lustige Vorträge strebsamer Dilettanten, eine Tombola, die beziehungsvolle Gewinste in Bereitschaft hatte, Witz und Gelächter. Dann taten sich wohl im geeigneten Augenblick die Türen auf, großsprecherisch gebauschte Vorhänge wurden zur Seite geschoben,

St. Nikolaus trat unter das Volk, griff in den Sack, den der Engel ihm nachtrug, und teilte wurmstichige Äpfel und Burennüsse an die Anwesenden aus, während der zottige Teufel, vom Blick der himmlischen Schwester gebändigt, bescheiden im Hintergrund blieb, mit dem grauslichen Schwanz den Fußboden fegte und zuweilen ein heiseres Knurren vom Stapel ließ, darüber das schwachere Geschlecht sich baß entsetzte. Es war viel Naivität, lebensbejahende Anspruchslosigkeit, genügsamer Sinn in dieser patriarchalischen Art, die das schummrige Grausen der Kinderängste gemütvoll im Wirtshause auffrischte und ihm auch im Amusement der Erwachsenen eine beglückende Rolle überließ. Auch heute im neuen Prag, über dem Jazzbandklänge und heurige Reklamen gaukeln, wird noch der heilige Nikolaus gefeiert. Die Kinder, Buben und Mädeln, hängen wunschfroh den Strumpf hinters Fenster und manchmal, im Abenddunkel, kommt das Dienstmädchen aus der Nachbarschaft oder die schöne Hausmeisterstochter, klopft gebieterisch an die Türe und schreckt die Kleinen als Botin der unirdischen Welt mit einer koketten Maskerade. Auch Ruten und Teufel werden zum Festtag noch feilgeboten und irgendwo, in einem platzfreien Winkel, von Magistratserlässen und Polizeivorschriften eingeengt, erstehen alljährlich die kümmerlichen Reste des Nikolomarktes. Aber es ist so wie mit den Kastanienbratern, die zu Beginn des Winters in den verwandelten Straßen beharrlich wiederkehren. Es sind Anachronismen aus einer Zeit, die beschaulich und fromm war, zufrieden und bürgerselig. Das Hupen der Automobile, die falsche Herrlichkeit beleuchteter Kaffeehausfenster, die hypnotische Gewalt der Kinoplakate strafen ihre Existenz Lügen. Es sind Gespenster einer anderen Welt, die mit dem Tempo und den Zielen der neuen Generation keine Gemeinschaft hat, entseelte Symbole einer Gemütlichkeit, der Krieg und seine Nachläufer den Garaus machten. Das alte Prag mit der Feierlichkeit seiner Kirchenwunder, der Schweigsamkeit seiner Burghöfe, dem langsam sickernden Quell seiner verbotenen Abenteuer beging seinen Nikolo wie eine Familie, die humorvolle Pietät beim Punschglas vereinigt. Das

sp. šťávou 3 kr

Elend der Menschheit, aus Abgründen aufbrechend, peinigte noch nicht die Erinnerung, entfesselte Gier watete nicht im Schlamm heilloser Verderbtheit. Man hatte Muße und Laune, von Vätern ererbte Gefühle zu pflegen, Gedenktage zu genießen, mit Kerzenlichtern und den Bildern der Ewigkeit zu spielen. Es war eine Zeit, wo sich Freude der Güte erschloß, die Lust der Liebe verschwisterte. Die apokalyptischen Reiter waren noch nicht über den Erdball gezogen.

Komorní fotograf Jeho c.a.k. výsosti
nejjasnějšího korunního prince
Kammerfotograf Sr k und k. Hoheit
des durchlauchtigsten Kronprinzen.

Frühherbst im Baumgarten

In der Kindheit, neben Knusperhexe und Däumling, war das Antlitz des Brezelmannes. Es ist unirdisch wie der Mythos, unwandelbar und unsterblich. Schneeweißes Haar strähnt über die Stirne, der grüne Schirm deckt halbblinde Augen, greiser Bart stoppelt melancholisch am Kiefer. So steht er mit Tragkorb und Ledergurt seit unvordenklichen Zeiten beim Ententeich. Er kann siebzig Jahre sein oder auch hundert. Frühling und Sommerhitze, milde Sonne des Herbstes gehen an ihm vorbei, sein Gesicht bleibt stetig wie ein vom Alter gefärbter, lange verwitterter Stein. Vor ihm und neben ihm trollt sich das Leben, Knaben mit bleichsüchtigen Gouvernanten, Mädchen mit kniekurzem Kittel und knallroten Sonnenschirmen. Alte Ehepaare schlurfen im Kiessand, Studenten flanieren in Gruppen, Damen enteilen verwirrend, Backfische kichern. Vom Promenadenplatz, wo die Kapelle in der großen Restauration spielt, bringt der Wind die Musik, wälsche Opernstücke, Märsche und Lieder. – Zwischen den Rosenbeeten, die der September geplündert hat, wird es stiller. Letzter Sonnenschein, schräg und einsam, flirrt über die Wege, malt braungoldene Funken ins Licht, verlängert die Schatten. Aus den Wiesen steigt dampfender Nebel auf, ballt sich dichter hinter den Weidenbäumen, hängt über dem Weiher. Die Luft ist lind, der Himmel mit Lämmerwolken vergittert. Der Brezelmann bei der Kreuzung steht unbeweglich. Die Bank bei der hölzernen Uferbrüstung hat seit Stunden ein Pärchen inne. Sie hält den Hut in der Hand, dreht ihn vertrotzt und verlegen; die hellen Bubenhaare fallen ihr ins Gesicht und unter dem schottischen Rock sieht man flinkschöne Beine. – In der Dämmerung, die malvenfarben unter den Bäumen schimmert, brennen auf dem Genußplatz die Lichter: unwahrscheinliche, gelbblank geputzte Monde, die Märchenstimmung verbreiten. Geselliges Summen fliegt zwischen gedeckten Tischen auf, aus der

HÔTEL.
HÔTEL
FLUSSER
TRITSCH.
TEL
SSER.

Küche strömt Bratenduft, die Musik spielt den Schlager aus Wien: O Katharina! Die Reitallee düstert schwärzer und schwarz, Gelände versinkt im Dunkel. Unten beim Teich ist das Liebespaar ganz nahe zueinandergerückt, sitzt stumm mit verschränkten Fingern. Ausflügler aus Troja stolpern vereinzelt vorbei, schwätzend und gutgelaunt; dann kommt minutenlange niemand. Über Kronen und Wipfeln taucht traumhoch die Silhouette des Baumgartenschlosses in den Abend. Der Brezelmann deckt die verschlissene Wachsleinwand über die Ware, rückt die Mütze zurecht und geht nach Hause.

Das Haus am Ufer

Das Haus mit dem Torbild, das den Mond im Schwarme der Himmelsgestirne zeigte, stand am Rande der Moldauinsel, nicht weit von den Mauertrümmern einer niedergebrannten Mühle. Es war griesgrämig und verdrießlich. Auf den hölzernen Stiegen im Innern lärmten die Katzen, fröstelnde Dünste krochen aus den Kellern, und auf den winkligen Pawelatschen trocknete die Wäsche der Mieter. Die großen Robinien, die unfern wuchsen, hüllten es ganz in ihren Schatten ein, machten es armseliger und dunkler, als es ohnehin war. Nur der Mond über der Einfahrt leuchtete und schmückte das Gesims mit den berußten Topfblumen darauf mit Glanz.

Das Fenster des Zimmers, in dem die drei Schwestern schliefen, war dem Flusse zugekehrt. In der Nacht, wenn die Geräusche verstummten, wenn der Wind den dünnen Vorhang bauschte und die kleine Lampe über dem Bette der Jüngsten schon erloschen war, fing das Wasser wunderbar an zu orgeln. Es war fast, als ob es eine Stimme bekäme, einen unablässigen Gesang, der oft minutenlang anschwoll, beten und seufzen konnte. Den größten Teil des Jahres, vom Vorfrühling bis in den Spätherbst, war das Fenster immer geöffnet. Aber noch im Winter, wenn die Kälte die Luke schloß, kam das Gemurmel von unten herauf und murrte. Oder das Tauwetter plantschte über den gefrorenen Strom, lockte unheimlich, knisterte, heulte, brach das Eis aus den Fugen, daß es schrie und die Uferbewohner mit Hoiho und Hui aus dem Schlafe scheuchte. Das Frühjahr, wenn die Schneeschmelze anhub, brachte das Hochwasser. Da brandete dann der Fluß bis zu dem Haus mit dem Torbild, schlemmte den Keller voll Unrat, nagte an seinen Gründen. Das Wasser war fürchterlich, gelbschwarz und unruhig. Es kam mit zerbrochenem Hausgeräte, abenteuerlichen Balken des Wegs, tobte gegen die Brücken, brüllte beim Wehr. Sein Gesang, düster bei Tag, grausam während der Dunkelheit, wuchs in

Sturmnächten zum Orkan. Er brach aus den Tiefen, mit Gewalt überladen, mit Fanfaren gesegnet. Da kam es wohl vor, daß eine der Schwestern nicht mehr anders vermochte, daß sie mit bloßen Füßen aus dem Bette sprang und an das Fenster eilte. Da stand sie dann eine Weile, lauschte den Stimmen, die unten riefen, und ihr schreckhaftes Herz klopfte über die Maßen.

Die Jugend der drei Geschwister war früh verwaist. Die Ernsthaftigkeit, die sie als Erbteil empfingen, wollte kein Zufall beflügeln. In ihrem Gehege ohne Ausblick und Mutwillen entspann sich ihr Schicksal. Anita, die älteste, ein kraushaariges Geschöpf mit roten Lippen und lässigen Gliedern, hatte die Schneiderei gelernt. Begabt und phantasievoll, eroberte sie mühelos einen Kundenkreis und verwebte die ungeduldigen Kapriolen ihres Bluts in bunten Bändern und Seidenrüschen. Wanda, die stillste, arbeitete als Maschinenschreiberin in einer Geschäftskanzlei. Nur Käthe, das Nesthäkchen, tat noch nichts Nützliches. Sie malte und las, band vor dem Spiegel die Masche um den Zopf, haschte die Katze in den Stiegengängen, oder hätschelte, trotzig in sich gekehrt, die wehleidige Schwermut ihrer fünfzehn Jahre.

Die Insel, auf der sie wohnten, dünkte ihnen uneingeschränkter Besitz. Sie war ihnen Zuflucht und Kinderheimat, schloß unbeholfene Träume ein, bewahrte ihre Geheimnisse. Das Haus mit dem Mondhirten, der die Sterne weidete, hütete ihre Geburt, umfriedete Siechtum und Tod ihrer Eltern. Manchmal kam noch nach Jahren, mit den Robinienblüten, mit dem Ton einer Mundharmonika im Nachbarshause eine abgetane Freude, ein vergessener Schmerz zu ihnen. Aber das Schönste, das sie besaßen, war doch der Fluß. Der kam von weit her, und die Zeit konnte seinen Grimm, seine ungebärdige Trauer nicht dämpfen. Anita, Wanda und Käthe bewunderten ihn sehr. Ihr Leben, das an seinen Ufern groß geworden war, blieb ihm verwandt und unentrinnbar verbunden. Es war seltsam, wie seine Leidenschaft sie erregte, sein Frieden sie beglückte, sein Kinderweinen sie aufwühlen konnte. Er hatte die Segel ihrer ersten Torheiten getragen, fuhr mit den Barken ihrer Wünsche ins Ungewisse. Und auf dem Grunde, wo die Fische über den schwarzen Schlamm und die spitzigen Steine huschten, lagen auch ihre Tränen.

Mitunter, wenn in ruhigen Nächten die Moldau draußen eintönig brauste, schien es den Schwestern, als ob ihre Mutter wieder bei ihnen wäre. Ihre andächtige Stimme rief sie an, kam schmeichlerisch näher, nannte jede bei ihrem Namen. Da ging ein Lächeln über die Gesichter der Schläferinnen. Ihre Hände zuckten, ihre Lippen öffneten sich zum Stammeln. Die Inbrunst, an der sie verbrannten, suchte im Überschwange nach einem Inhalt. Im Gaukelbilde des Traumes, der sie verführte, der sie demütig in die Knie zwang, sah jede von ihnen den Mann, dem sie gehören wollte. Er stand vor Anita, und sein strähniges Haar fiel ihm in die Stirne, als er sich über sie beugte. Ich bin da! Mach dich bereit! – – – rief er sie an, und sein unbekümmertes Lachen rüttelte an ihren Sinnen. Er strich mit den Fingerspitzen über die Augen Wandas, die tief und unergründlich in die Finsternis flammten, blies ein Feuerchen in ihr Blut, überfiel sie mit schmerzhaften Küssen. Die Jüngste, unselig verwirrt, fieberte im Bette, wußte sich nicht zu helfen vor Scham, weinte sich bang und verzweifelt in einen heißen Traum hinein. O Mutter! – – – flüsterte sie und streckte die Arme nach dem Fenster, durch das der Geruch des Wassers in die Stube drang – – – O Mutter, geh, geh, ach bring mir den Liebsten!

Den Märzstürmen waren Abende gefolgt, in denen eine aufrührerische Süßigkeit nachzitterte. Die warmen Regengüsse der letzten Wochen hatten den Ruß von den Giebeln gefegt und die Mondscheibe auf dem alten Bilde blank gescheuert. Tagsüber war jetzt ein geschäftiges Trappeln im Hause. Die Holzstiegen knackten und die Kinderhemden an der Wäscheschnur zappelten wie rotbunte Fähnlein. Treppaufwärts, treppab turnte Käthe durchs Haus, holte Zucker und Mandelbogen vom Kaufmann, hatte eine blitzblaue Bluse an und glühte. Rata – – – sum – – – rata – – – sum – – – machte die Nähmaschine. Die Nadel hüpfte, sputete sich, wollte am Abend rasten.

Anita hatte die Lippen feucht, und die Zimmerluft ränderte ihre Augen. Auch Wanda kam immer ein Viertelstündchen früher von der Arbeit heim, um den Gast zu begrüßen.

Er war groß, grobknochig und mager. Das Haar strähnte ihm in die Stirne, und er konnte den Kopf zurückwerfen und unbändig lachen. Von ungefähr war er mit seinem Skizzenbuche auf die Insel geraten, hatte ehrfürchtig das Mondbild über dem Tore betrachtet, hegte plötzlich den Wunsch, auf die vertrackte Pawelatsche zu steigen und von dort die Robinien zu zeichnen, die ganz unwahrscheinlich über den Uferrand hingen. Er liebäugelte mit dem Fenster über dem Flusse, ging entschlossen hinauf, bekam die Erlaubnis und malte eine Stunde. Es machte sich so, daß er wiederkam, Schokolade für Käthe brachte, sein Lachen vom Stapel ließ und zum Abendessen geladen wurde. Nun hatten die Schwestern einen Künstler zu Gaste. Es war einer, der aus gebenedeiten Ländern kam, der schimmernde Lügen in der Tasche hatte. Anita, Wanda und Käthe neigten sich tief vor seinem Angesichte. Die Luft war in diesem Frühjahr besonders köstlich, klargolden und zärtlich. Die Sonne, die den Tag über nicht aufhören wollte zu scheinen, stieß alle Gespinste in die Schlupflöcher zurück, und die Moldau rauschte wie eine Harfe. Reglos mit geschlossenen Augen durchwachten die Mädchen die Nächte, und ihre Herzen waren entzückt. Anita war die erste, die dem Maler verfiel. Wenn sein Lachen am Abend wie ein Wirbelwind durch die Stube gegangen war, wenn sie an seinen Lippen gehangen, geträumt, sich verzehrt und geschauert hatte, begleitete sie ihn zum Abschied über die Treppe und schloß ihm die Tür auf. Das Flurhaus war finster, die Kerze verlosch, und er küßte sie. Wenn sie zurückkam, waren Wanda und Käthe schon im Bette und hatten die Decke über den Kopf gezogen. Sie wollten das Gesicht der Schwester nicht sehen, die dann noch lange im Dunkeln aufsaß, ohne sich zu rühren.

Es kamen Tage, die mit Inbrunst und Licht und Hosianna verbrämt waren. Rata – – – sum – – – rata – – – sum – – – machte die Nähmaschine. Anitas Herz flog mit der Nadel und pulste unaufhörlich. – – – O du

– – – sang es in ihr und eine sehnsüchtige Freude ließ sie erröten. »Die Insel der Seligen« – – – dachte sie insgeheim, umfing die Robinien draußen mit einem fröhlichen Blick, vergaß die Einsamkeit ihrer Jugend über den Frühlingsnächten in den Armen des Malers. Ja, so mußte es sein. Das war ja die Kraft des Wunders, daß es maßlos beglückte. Die Luft ist mild, mit Sternen vergittert, festlich verschleiert. Hörst du die Uhren Mitternacht schlagen? – – – Siehst du das Fenster drüben? – – – Die Schwestern schlafen und ich darf dich küssen. O du – – – was soll ich für dich tun? – – – Ich bin bereit. Soll ich dich anbeten? – – – Soll ich für dich sterben? Ich sah dich im Traum, wie du dich über mich neigtest. – – – Küsse mich! – – – Bin ich schön? – – – Gefällt dir mein Mund, mein Hals? – – – Sag mir's, du Künstler! – – – Aber du schaust gar nicht her, warum starrst du so nach dem Fenster? – – – Bist du böse auf deine Anita – – – Geliebter?

Ungestüm wallte der Fluß in diesen Stunden. An den Brückenpfeilern zerstob er in tausend Funken, hob Diademe vom Grund, spielte mit silbernen Ketten. In seinem Brausen, wundervoll befreit, frohlockte eine große, von Nöten entfesselte Herrlichkeit. Bis eines Nachts das Glück ein Ende nahm und die Lippen Anitas weißer wurden als die einer Gestorbenen.

»Du bist süß«, sagte der Maler zu ihr. »Aber deine Schwester hat Augen, die im Dunkeln flackern.«

Anita vergoß keine Tränen. Wenn sie in sich blickte, zerbiß sie die Zunge im Ekel, und sie erschrak. Ihr geplündertes Herz schlug nicht schneller, wenn abends der Gast ins Haus kam, wenn er wie sonst mit ihnen bei Tische saß und das Lampenlicht auf seinem Stirnhaar tanzte. Aber mit einem ungeheuren Entsetzen sah sie in die Augen der Schwester hinein. Unweigerlich, wie im Horoskop, sah sie darin die Verkündigung. Die führte durch süßes Verderben, unheilige Wirrnis zickzack in den Tod. Sie wollte warnen, aber die Bitterkeit, herb wie ein Giftkraut, schloß ihr den Mund.

Wanda ging ohne Widerstand, mit dem Lächeln der Schlafwandlerinnen, in ihr Schicksal. Sie trug seine Gnaden, seine Prüfungen, seine Beschwernisse. Ihre Schweigsamkeit, in die sie sich eingrub, mehrte sich täglich und wurde zur Stummheit. Ihr Gesicht, holdselig gewandelt, erstrahlte in einer lieblichen, schwermütigen Fremdheit, die niemand vorher an ihr kannte. Am Abend, wenn sie aus ihrer Schreibstube loskam, wenn die ersten Laternen in den Straßen blinkten, hing über den Dächern noch immer ein Streifen einer bräutlichen Glut. Sie hob ihre Augen auf und nahm den Glanz, der ihr begegnete, mit sich nach Hause. Sie seufzte am Morgen und erwachte beseligt in einer Welt, die mit Vogelgesang und Wundern bis zum Rande gefüllt war. Es kam vor, daß sie die Hände der Bettler, die am Wegrand nach ihrem Mantel haschten, mit überströmenden Tränen benetzte. Sie senkte nur den Kopf, als der Maler sie nicht mehr mochte. Sein unbekümmertes Lachen gab ihr das Geleite und löschte den Himmel aus.

»Du bist geduldig. Aber deine junge Schwester ist eine wilde Katze.«

Geradewegs, ohne sich umzusehen, ging sie heim zu Anita. Heute war kein Gast bei ihnen, als sie die Tür öffnete.

»Schwester!« hauchte sie leise, und Anita verstand sie.

»Schwester!« antwortete sie, und dann saßen sie wortlos, bis es ganz finster geworden war.

»Sieh nur, der Mond – – –« sagte Wanda und deutete nach dem Fenster. Das Bild überm Torweg fiel ihr ein, und ein Gefühl tollblütig wie Heimweh machte ihr Herzeleid.

Anita schwieg, schmiegte sich an sie und lauschte. Tiefstimmig wie ein Choral, in dem eine feierliche Orgel triumphierte, klang das Rauschen der Moldau.

»Komm!« sagte Wanda. Eine Sehnsucht, die sie seit Jahren vergessen hatte, fing an, sich zu rühren. Die Holzstiegen krachten, als sie beide das Haus verließen. Unter den Robinien blieben sie einen Augenblick stehen und sahen nach den Giebeln hinüber, die sich schwarz in der Dunkelheit wölbten. Dann gingen sie Hand in Hand miteinander ins Wasser. Mit mütterlichem Geraune empfing sie der Fluß, sang ihnen zärtlich ein Wiegenliedchen zum Sterben.

Zur selben Minute lief Käthe, heiß und zerwühlt, in einer haltlosen Angst über die Brücke. Ihr Gesicht, das ein unbegreifliches Grauen plötzlich verstörte, wandte sich den Sternen zu, die den Himmel vergoldeten. Und zwischen Trübsal und Tod, vor dem sie ahnungsvoll zitterte, stieg in ihrer Seele ein Lichtlein auf, das sie nicht kannte, das schwärmerisch war und zum Weinen schön, das höher und höher blakte und aufwärts flog, eine lodernde Leiter, ein feuriger Dornbusch, daß sie geblendet die Arme breitete und sich dem Brand überließ, der unwiderstehlich ihr Leben verzehrte, der wunderbar und gewaltig war, groß wie die Sonne, heilig wie Gott – – – Halleluja – – – der Liebe.

SKLAD UHERSKE
MOUKY

Das Gespenst der Judenstadt

In der Mitte von Prag, wo sich jetzt hohe und luftige Zinshäuser zu breiten Straßen aneinanderschließen, stand noch vor zehn Jahren das Judenviertel. Ein schiefes, düsteres Gewinkel, aus dem kein Wetter den Geruch nach Moder und feuchtem Gemäuer wegzublasen vermochte und wo im Sommer den geöffneten Türen ein giftiger Atem entströmte. Der Schmutz und die Armut stanken hier um die Wette, und aus den Augen der Kinder, die hier aufwuchsen, blinzelte eine stumpfe, grausame Verderbtheit. Der Weg ging da manchmal in niedrigen, gewölbten Viadukten durch den Bauch eines Hauses hindurch oder er krümmte sich plötzlich zur Seite und fand vor einer blinden Mauer jählings ein Ende. Die Händler, die ihre Trödlerware vor den Geschäften auf dem unebenen Steinpflaster aufstapelten, riefen mit listigen Gesichtern die Vorübergehenden an. In den Haustoren lehnten die Frauenzimmer mit geschminkten Lippen, lachten gemein, zischelten den Männern in die Ohren und hoben die Röcke, um ihre gelben und zeisiggrünen Strümpfe zu zeigen. Greise Kupplerinnen mit weißen Haarsträhnen und lockeren Kiefern grüßten aus den Fenstern, klopften, winkten, gurgelten vor Eifer und Befriedigung, wenn einer ins Netz ging und näher kam.

Hier war die Unzucht zu Hause und lockte am Abend mit roten Laternen zum Besuch. Es gab da Gassen, wo ein jedes Haus eine Schandherberge war, Spelunken, wo das Laster mit dem Hunger in einem Bette schlief, wo schwindsüchtige Weiber mit verwelkten Reizen eine kümmerliche Industrie betrieben, geheime Verließe, wo das Verbrechen flüsternd und augenzwinkernd schulpflichtige Mädchen schändete und ihre hilflos verwunderte Unschuld für schauerlichen Lohn verschacherte. Es gab vornehme und luxuriös möblierte Kneipen, wo der Fuß auf Teppiche trat und wo die satten, üppigen Dirnen in seidenen Schleppkleidern stolzierten.

Unweit der Synagoge neben den verwahrlosten Hütten des Zigeunergäßchens befand sich in einem zweistöckigen Gebäude der Salon Aaron. In der dürftigen Umgebung machte das Haus beinahe einen wohlgepflegten Eindruck, trotzdem der Mörtelbewurf der Mauer zum Teile losgebröckelt war und der Staub und der Regen auf die Scheiben der vermummten Fenster bunte Streifen schmierte. Bei Tag war es hier still; nur selten schlich ein Gast über die ausgetretenen Stufen in den dunklen Hausflur und kam mit aufgeschlagenem Rockkragen hastig und verlegen nach einer Stunde wieder ans Licht. Aber in der Nacht stieg hier aus verborgenen Brunnen ein lautes, helles, zitterndes Leben auf. Die Fenster glühten, und das Gelächter flatterte drinnen wie ein gefangener Vogel im Käfig.

Auch das Lachen Johannas war mit dabei. Das war ein heißes, schmiegsames und brünstiges Gurren, das man deutlich neben den Stimmen der andern unterscheiden konnte und das manchmal schon in der Schweigsamkeit des Vormittags zu klingen begann wie eine frohe, verliebte Lerche. Johanna war fröhlich, weil die Männer zu ihr gingen. Sie war begehrter als ihre Gefährtinnen, weil sie einem jeden von der bangen, quälerischen, unruhevollen Süßigkeit gab, die sie erfüllte und die in den trägen Leibern der andern nicht wohnte. Sie war oft selbst verwundert darüber. Das Gewerbe, das den Frauen, mit denen sie beisammen war, als eine langweilige, verdrießliche Pflicht erschien, brachte eine verzückte Liebessehnsucht über sie, einen Stachel, den sie in ihrem Fleische spürte und der in ihren Augen einen mädchenhaften Schimmer entzündete. Mit Lippen, die von Küssen wund und zersprungen waren, trank sie sich an dem Munde der Männer fest, immer wieder von der bräutlichen Wollust durchflutet, die ihre erste Umarmung begleitet hatte. In den Pausen, die ihr das Sündenhandwerk ließ und die ihr unerträglich lang und einsam dünkten, lauschte sie auf die Schritte der Passanten draußen vor dem Haus, und wenn die Türglocke ging, flog eine Flamme über ihr Gesicht und sie seufzte. Es gab oft Tage, an denen sie die Liebe bis zur Übersättigung genoß; aber wenn sie mit dumpfem Kopfe und schmerzenden Gliedern im Bette lag, ging ihre Erinnerung von einem zum andern, kostete und schwelgte, und sie lächelte in die Dunkelheit. Manchmal, besonders im Sommer, wenn sie in den letzten Stunden vor dem Morgen endlich ihr Lager aufsuchte, steigerte sich ihre Unruhe bis zur Pein. Dann kam sie im Hemd zum offenen Fenster und sah in das Ghetto hinunter. Sie streckte die nackten Arme hinaus und fühlte den warmen Regen wie Blutstropfen auf ihrer Haut. Das war ihre Heimat da unten. Die Stadt, in der die verschlafenen Lichter der Freudenhäuser blinkerten, wo in den verrufenen Gassen klobige Schatten kauerten und in der Ferne noch eine winselnde Geige oder das harte Geklimper der Spielkasten zur Lustbarkeit lud. Eine schwärmerische Melancholie badete ihr Antlitz in Tränen. Der Nachtwind griff zärtlich nach ihren Brüsten, sie legte den Kopf in den Nacken und ihre Lippen verzogen sich zum Kuß.

Am Abend, wenn der Salon festlich erleuchtet war, wenn die Weingläser auf den Marmortischen klirrten, tanzte sie zur Musik. Die Sinnlichkeit, unter der sie litt, machte ihre Glieder weich und lässig und trieb mit fliegenden Röcken in eine verlangende Wildheit hinein, die ihr starres Gesicht wundersam verschönte, die aufreizender und werbender wirkte, als die Künste der andern. Sie tanzte allein oder mit den Gästen. Ihr schlanker Körper bog sich unter den Händen der Tänzer, schmiegte und drängte sich, zitterte und fror; und wenn einer mit der blonden Johanna getanzt hatte, dann ging er auch gewiß mit ihr in ihre Kammer. Ihr Mund war gierig und fieberisch. Je mehr Männer den Weg zu ihr fanden, desto ungebärdiger fiel ihre Liebe sie an; ihre Lust erschütterte und betäubte; ihre Inbrunst war willfährig und entfachte sich zur Glückseligkeit.

Dann kam der Tag, wo die Krankheit ihren Körper zur Buße nötigte. Aus den morschen Mauern der Judenstadt, aus den unzüchtigen Gassen kam sie herauf und vergiftete ihre Küsse. Sie verbrannte ihr Blut und machte ihre Adern trocken und rissig; sie erwürgte das Gelächter und das verliebte Stammeln in ihrem Halse; sie beschmutz-

te ihren Leib mit roten Flecken und schleifte sie durch den Schimpf der unflätigen Huren hindurch in die schlotternde Angst des Lazaretts. Hier lag sie in dem heißen Bette, und von der Zimmerdecke fielen die Gedanken wie schwere Tropfen auf ihre Stirn. Sie dachte an die Frauen, die jetzt im Salon Aaron saßen und den gelben Wein aus dünnen Gläsern tranken. Sie dachte an die Musik und an das scharlachfarbene Hemd, das sie beim Tanze getragen hatte. Sie beugte die Arme und warf den Kopf in die Kissen zurück; aber es war niemand da, der sie küßte. Eine schmachtende Traurigkeit weckte das Schluchzen in ihrer Kehle auf und ließ sie verzweifeln.

Heuchlerisch und zögernd, in einem feigen, boshaften Tempo vergingen die Wochen. Unerwartet heftig war die Krankheit Johannas zum Ausbruche gekommen. Das Gegengift, mit dem sie die Ärzte quälten, war machtlos gegen sie. Sie nistete in den Geweben, sie flackerte unter ihrer Haut, sie kratzte in den Winkeln und Gruben ihres Fleisches eitrige Wunden auf und wollte nicht weichen. Sie machte ihre Gedanken lahm und verunreinigte ihren Schlaf mit geilen Träumen, aus denen sie stöhnend in die Höhe fuhr und mit Haß und Grauen die Wirklichkeit erkannte. Johanna entbehrte die Männer. Ihr nervöser Leib bäumte sich unter der Folter der Entsagung. Jeder Tag, den sie glühend verbrachte, jede Stunde vermehrte ihre Not. Bis sie es nicht mehr ertragen konnte. In der Nacht entwich sie aus dem Krankenhause. Durch das Fenster sprang sie in den Garten und stieg bloßfüßig, nur mit dem Mantel über dem Hemd, über die Mauer auf die Gasse.

Brennend, in einer überirdischen, schwülen Erwartung, lief sie durch die Stadt. Die aufgelösten Haare flatterten um ihr Gesicht, und ihre Augen glänzten. Ein heller, wunderbarer Gedanke trieb sie weiter und erfüllte sie mit Glück. Sie wollte zu den Männern! Ihre Füße flogen über die Steine und ihre Muskeln spannten sich. Die Schatten verspäteter Nachtschwärmer schwankten über den Weg, und das grelle Licht plötzlicher Laternen erschreckte sie; eine köstliche, schwere, verführerische Süßigkeit machte sie betrunken. Die Türme der

Teinkirche tauchten vor ihr auf und standen bleich zwischen den Sternen. Da war sie ja schon am Ziel! Da war schon die Gasse, wo die Musik hinter verhängten Türen lärmte und wo das Lachen der Frauen mit den Flügeln an die roten Fensterscheiben schlug – – –

Sie blieb stehen und sah geblendet in den Mond, der schielend am Himmel klebte und geborstene Balken und Geröll beschien. Der Salon Aaron war verschwunden. Die Hacke und der Spaten hatten Stück um Stück von dem alten Hause abgegraben und neben der Synagoge lagerten die Steine. Eine einzige Mauer stand noch mit zackigem Kamme aufrecht zwischen den Trümmern, und Johanna erkannte die Wand ihres Zimmers. Ihre Augen gingen entsetzt und gelähmt weiter in die Gasse. Die bunten Lichter der Freudenhäuser waren verlöscht, und der Staub stieg wie ein Rauch aus den zerbrochenen Dächern. Überall krochen Ruinen aus der Nacht. Während sie im Krankenhause in dem feuchten Bette mit der Seuche kämpfte, hatte man ihre Heimat zerstört – – –

Ein Schrei löste sich aus ihrer Kehle und zitterte gräßlich durch das vereinsamte Viertel. Ihre Haare flossen über ihren Mantel, die Nachtluft öffnete ihn und tastete lüstern unter das Hemd. Ein Trupp bezechter Soldaten kam vorüber. Haltlos verwirrte Liebesworte ächzend fiel sie vor ihnen auf die Knie. Und zwischen den Trümmern des eingerissenen Bordells gab sie sich den Männern hin, die der Zufall auf ihre Fährte geführt hatte. Sie gab sich einem nach dem andern, und ihr armer, von der Krankheit verwüsteter Leib wurde nicht müde und grub sich zuckend im Liebestaumel immer tiefer in den Schutt.

Von einem Sommer zum andern wurde das Ghetto niedergerissen. Neue Häuser erdrückten die finstern, ungesunden Schlupfwinkel, wo das Elend und das Laster jahrhundertelang gespenstert hatten. Die Unzucht flüchtete mit hohen Stöckelschuhen klappernd bis an den äußersten Rand der Vorstädte. Auf den alten Plätzen wuchs eine Stadt für die Reichen und Vornehmen empor. Aber niemals war in Prag die Lustseuche so furchtbar und verheerend gewesen wie in diesem Jahre.

Sie brach in die Familie ein und lehrte die jungen Mütter das Grausen. Sie hing sich an das Lächeln der Liebe und machte ein bleiernes Grinsen daraus. Knaben gaben sich den Tod und Greise verfluchten das Leben.

Prager Kirchen

Die Kirchen von Prag sind vom Engel der Zeit
Mit Sprüchen der Ehrfurcht gebenedeit,
Mit gläsernen Lampen, paradiesischer Pracht
Über die Maßen herrlich bedacht.

Hier sah ich als Kind vor dem güldenen Schrein
In den heiligen Himmel Gottes hinein – –
Unendliche Trauer, verderbliches Weh
Geschahen im Garten Gethsemane.

Hier schritten die Männer der Bibel fürbaß,
Pilatus und Kaiphas und Barrabas,
Aus hellbunten Strahlen ein Diadem
Erglänzte das Wunder von Bethlehem.

Hier hab ich büßen und beten gelernt,
War von Kometen und Mondstaub besternt,
Getröstet hob ich mein frommes Gesicht
Als glühender Pilger wieder zum Licht.

Nun bin ich verdorrt und von Sünde umstellt,
Aber die Kirchen von Prag sind die schönsten der Welt;
Die große Verheißung geht durch den Raum,
Das ewige Gleichnis vom Feigenbaum.

Es ist kein Herz so alt und verbrannt,
Einmal wird wieder Sonntag im Land.
Trübseliger Mensch, o sei nicht beklommen!
Schon läuten die Glocken. Die Liebe muß kommen.

Prager Legende

Vor dreißig Jahren, als Musik noch nicht in Tanzdielen tobte, die Flimmerleinwand noch nicht vor tausendköpfigem Publikum zuckte, hatte die alte Stadt eine andere Miene als heute. Sie war einfältiger, selten von Mißmut gepeinigt, kostbarer und schöner. Die Jahreszeiten, die hier vorüberkamen, in den Gärten verweilten, im Antlitz des Flusses sich spiegelten, waren ganz anderer, ungestümer Art. Sie kamen mit Blütenwundern und Glanz, überirdisch glückselig, sie schmachteten feierlich mit ihrer Reife, und die Herbstmonde über den Brücken waren ungeheure Kugeln, brandrote Goldkähne, die mit melancholischer Fracht die Unendlichkeit befuhren. Auch der Winter, der über die Stadt hereinbrach, eisklar, märchendunkel mit Schneewolken und verschneiten Laternen, hatte ein Wunder in sich, das die Augen verschleierte. Die Zeit, die durch die Straßen tappte, vor rostigen Uhren zögerte, auf weiten Plätzen sekundenlang stillstand, war mit Süßigkeit beschwert, mit tausend Keimen gesegnet, die in den Nächten zu treiben begannen.

In einem Hause der Altstadt, mitten in Düsterkeit zwischen Bröckelmauern, wo die Sonne erst am Spätnachmittag ein bescheidenes Flämmchen entfachte, lebte damals ein fröhlicher Mann. Zwar die Leute, die zusahen, wie er mit seiner Krücke durchs Gäßchen humpelte, hielten ihn für mitleidswert, weil sein Rock vertragen und dürftig schien, weil Zimmerluft seine Wangen gebleicht hatte, und seine gelähmten Füße nur widerstrebend den Dienst taten. Sie wußten nichts von dem Reichtum, über den er verfügte, der ihm an Sommerabenden durch die Fensterluke zuströmte, Akazienduft und Gemurmel vom nahen Flußufer brachte, Weihnachtswochen mit Silber bereifte, der in seiner Stube mit den Kupferstichen, der Mutter Gottes aus blankem Gips und dem breiten Kachelofen immer zu Hause war.

1798 24/1 06

Nicht, daß Peter Lenz ein Dichter gewesen wäre. O nein, wie käme denn er, der Schreiber der kleinen Kanzlei, wo er tagsüber arbeitete, zu solchen Sachen! Aber damals, in dieser wundervollen, aus Andacht gewirkten Zeit vor dreißig Jahren, war das Glück für alle da, auch für die Mühseligen und Bresthaften. Es lag in der Luft, die zärtlich verlangend durch rußige Hoftore strich, es atmete in den Kronen der Parkriesen, funkelte in den Räumen des Nachthimmels. Es klopfte in der Brust, aufrührerisch wie ein Hammer. Es brannte im Herzen, das vom Blute berauscht war, von der großen, über die Maßen herrlichen Erwartung des Lebens. Herr Lenz hatte so ein Herz, das Gnade überwältigte. Es war nicht bitter, weil er nicht flink verwegen hinter den Mädchen herlaufen, die finstere Treppe im Sturmlauf nehmen konnte wie der junge Student, sein Nachbar. Es war von Freude erfüllt, überquellend und süchtig. Auf dem Heimweg vom Amt, wenn die Groschen verdient waren, die sein Dasein fristeten, blieb er vor Steintüren stehen, die der Staub der Jahrhunderte ehrwürdig machte, und grüßte den heiligen Florian unter dem First mit dem Hute. Manchmal, wenn Dämmerung blaute, milchweiße Lichter in den Straßen blitzten, stieg er die Höhe zu der kleinen Kapelle hinauf oder die Schloßtreppe. Dann lag die Stadt unter ihm, schweratmend wie ein Tier, zum Klumpen gerollt, dunkel vor Schicksal. Herr Lenz liebte das Schicksal der Menschen und bereute es. Es verging kein Tag, der nicht Helles und Freundliches im Gefolge hatte: ein Wort, das ihn traf, ein Hund, den er streichelte. Er war allein, verwaist, ohne Anhang; der Vater, das Mütterchen waren gestorben, als er noch klein war. Aber war nicht die Welt, die brausende Welt seine Heimat? Warme Fäden liefen aus seiner Brust in die Ferne, die Stadt umgab ihn mit Zärtlichkeit und prickelndem Grauen. Herr Lenz war nicht einsam in dieser Stadt. Das Wagenrollen, dem er auf seinen Spaziergängen lauschte, die Lampen hinter verhängten Scheiben waren Ereignis. Er hatte auch Freunde. Den Brezelmann mit dem Mützenschirm und dem Tragkorb, die Bettlerin auf den Stufen der Kreuzherrnkirche. – – – Spielende Kinder im Sande, Flüstern in

Abendnischen, Blumen und Seufzer! – – – Herr Lenz neigte das Haupt vor der erdrückenden Vielfalt der Erde. Und dann – – – war in ihm nicht Liebe?

Das war wohl das Beste, was er besaß, davon er verschwenden durfte wie keiner. Wenn er in den Kaianlagen, seiner Wohnung zunächst, den Pärchen begegnete, die mit verschlungenen Händen wandelten, stieg ihm das Wasser in die entzündeten Augen. Es war ein feines, bedeutsames Lächeln auf seinem Gesicht, das niemand ihm nachmachte, um das ihn die Leute beneideten. Eine stellenlose Verkäuferin aus dem Haus nebenan hatte sich einmal in dieses Lächeln vergafft und war eine Woche lang mit ihm gegangen. Sie erwartete ihn, wenn er verlegen und stubenblind die Kanzlei verließ, ihr kirschroter Mund, ihr Bubenhaar schmiegten sich an den seinen. Als dann die Woche vorüber war, als ihre Lippen, ihr sanftes Geschwätz dem jungen Studenten gehörten, der die Treppe hinauflief, drei oder vier Stufen auf einmal, lächelte Lenz noch immer. Es war ja in Ordnung, daß Schönheit die Kraft aufsuchte, die Jugend Behendigkeit. Um ihn brauchte sich niemand zu kümmern. Er vertrug einen Stüber, schlug der Enttäuschung ein Schnippchen. Es war ja so viel, was übrig blieb und entzückte: Gesang des Sturms, wenn im Februar der Eisgang den Fluß aufwühlte, die Sonntagssonne an Vormittagen, der Duft schöner Frauen, Musik und Sterne.

Und weil Herr Lenz so bescheiden war, demütig und gerecht gegen das Leben, kam eines Tages das Glück zu ihm hinauf, kollerte durch die Kammer, wußte sich nicht zu fassen. Das Glück war blond wie die Engel im Himmel und Puppen, mit denen Unmündige spielen. Es war schelmisch und froh, barmherzig, geduldig, sein Eigentum, der es ungläubig ansah. Die Orgel brummte, die Glocken läuteten überlaut, Herr Lenz durfte Hochzeit machen. Das war ein Tag, wie ihn die enge Gasse noch niemals geschaut hatte. Da waren alle, die ihn liebten, der Brezelmann, der Hund, den er streichelte, die Bettelfrau von der Klostertür. Sie waren gekommen, das Glück zu betrachten, das an seiner Seite schritt, weiß, eine verschämte Braut. Aber das Schönste von allem war das Gesicht, das Herr Lenz an diesem Tage hatte. Keiner von denen, die es erblickten, konnten es nachher vergessen. Es war etwas in diesem Gesicht, das unvergänglich war, das auch dann nicht verschwand, als das Schicksal kam, um sein Glück zu nehmen. Dann fingen wieder die Glocken zu läuten an, Herr Lenz ging hinter dem Sarg, um sein Weib zu begraben. Als er dann als letzter nach Hause stapfte, war sein Lächeln ein wenig hilflos geworden wie bei einem, der sich lange besinnen muß. Das Schicksal, das er schon früher ahnte, wenn die Stadt unter ihm sich im Dunkel ballte, hatte versucht, es zu verlöschen. Aber den Rest, ein schwaches Lichtlein dieses Lächelns, nahm Peter Lenz auch vom Friedhof wieder mit. Er blinzelte unsicher mit brennenden Augen. Und dann, als er in seiner Kammer lag, die hellen Strümpfe seiner toten Frau an der Stirn, als die Tränen kamen, unbeschreiblich und endlos im Finstern, wußte er plötzlich, daß auch sie eine Gabe sind, die das Leben bereichern. Herr Lenz nahm die Hände von seinem Gesicht. Sein Schmerz, unsinnig im Anfang, wurde klar wie die Nacht, die draußen über den Dächern leuchtete.

Das ist die Geschichte, die Herr Lenz erlebte, die eigentlich keine Geschichte ist, ohne Schluß, ohne interessante Zwischenfälle. Aber in der Stadt, die vor dreißig Jahren zauberischer als heute mit Geheimnissen prunkte, hatten solche Geschichten ihre besondere Bedeutung. Es waren die Brücken mit ihren Nepomukbildern, die Kirchen und Kruzifixe. Da raunte es von stummen Heldentaten, von Zungen, die, im Altarschrein verwahrt, in Ewigkeit nicht verdorren, von Märtyrerinnen der Liebe. Auch die Erzählung von Peter Lenz, dem seligen Krüppel, der in der dumpfen Gasse sein Lächeln nicht verlor, ist eine Legende. Ihr Ende und ihr Verlauf verlieren sich im Unbekannten. Er wird wohl weitergelebt und weitergelächelt haben, ein ehrfürchtiger Träumer der alten Zeit, ein Freund verhuzelter Bettelweiber und spielender Kinder. Und als er starb, da kam wohl gerade das Abendrot zum Fenster herein und spann um sein Antlitz den Heiligenschimmer.

10.390

Erlauschte Legende

In den Straßen Prags, steillaufend und quer,
An Tagen vereist und verregnet,
Da bin ich manchmal von ungefähr
Dem lieben Heiland begegnet.

Er ging wie einer, der freiwillig kam,
Bis ihn die Häscher erspähten – –
Vor seinem Schritt ist grausamer Gram
Scheu in den Torweg getreten.

Da neigte tiefer das struppige Haupt
Der Bettelmann mit der Krücke,
Da flammte, von späten Blumen umlaubt,
Das goldene Kreuz auf der Brücke.

Die Dirnen mit dem geschminkten Mund
In der verrufenen Klause,
Sie saßen erstaunt, verzückt ohne Grund,
Und waren wieder zu Hause.

Die Arbeitslosen im Elendquartier
Hoben die stumpfen Gesichter:
»Ein neuer Gast, ein Enterbter wie wir!« – –
Glanzäugig brannten die Lichter.

Gespenstisch jagen durch Nacht und Sturm
Die apokalyptischen Reiter – –
Es brausen die Prager Glocken im Turm
Wie das Herzblut Gebenedeiter.

Moldauwunder

Bei der Alt-Prager Brücke, vom Flußsand umschwemmt,
Steht ein Baum seit Zeiten und Jahren – –
Aus seinem Gezweig, wenn der Windsturm es kämmt,
Kann man zuweilen, geheimnisvoll fremd,
Die Botschaft Gottes erfahren.

Dann wächst seine Stimme zum großen Gebraus,
Es regnet Blätter und Blüten,
Er breitet warnend die Äste aus,
Schickt sein Geraune von Haus zu Haus,
Um Sünde und Schuld zu verhüten.

Wenn Schicksal sich wendet, das blindwütig droht,
Beginnt der Baum sich zu rühren,
Dann schwillt sein Signal zum erzürnten Gebot,
Es geht sein Geflüster durch Nacht und Not
Und rüttelt an allen Türen.

Ehrwürdiger Baum, gutgläubig und alt,
Zu Füßen des heiligen Domes! – –
Was schiert die Menschen der Gnade Gewalt? – –
Wie oft ist dein Ruf im Finstern verhallt
Über den Wassern des Stromes! – –

Aus einem jungen Jahr

Das war ein Frühling, brandrot und erleuchtet,
Er strömte zärtlich um entflammte Luken;
Schwer neigten ihre Stirn, vom März befeuchtet,
Die Statuen der heil'gen Nepomuken.

War's nicht die Zeit, wo wir mit heißen Händen
Die Gnade hielten, die so oft versäumte,
Wo wunderbar im Brausen und Verschwenden
Die alte Moldau wie ein Wildbach schäumte? – –

Der Veitsdom stand in silberhellen Feuern,
Die lange brannten, ohne zu erdunkeln,
Die Stadt lag still, gewirkt aus Abenteuern,
Von Sternen überglitzert und Karfunkeln.

Von fernen Firmamenten kam ein süßer,
Tauklarer Sturm auf weißen Wolkenwagen,
Der hat mich tief ins Land gesalbter Büßer,
Ins holde Himmelreich der Welt getragen.

Weinstubenerinnerungen

Wenn man vergangenes Leben überdenkt, dann bemerkt man, daß es sich eigentlich immer in irgendwelchen Lokalen abspielte. Es gibt Fensternischen, die ein Schicksal bestimmen, Kaffeehaustische, die Anfang oder Ende, Glück oder Unrast bedeuten, verhängnisvolle Billardzimmer, tragische Kneipen. Aber es gibt auch geruhsame Winkel, auf die man später mit Anhänglichkeit zurückblickt, Schmollecken, so recht dazu angetan, verwegenen Überschwang sachte verbranden zu lassen, Dusterstuben, wo Träumer und Enttäuschte immer willig empfangen werden. Tollblütiger Schmerz, verblendete Freude finden hier wieder ihr Maß, eine knarrende Uhr gemahnt an die Flüchtigkeit aller Dinge, der Wirt ist ein Philosoph und sein Schankhaus eine Schule der Weisheit.

Der Vater Dallago, der in den Hofzimmern des Alt-Prager Hauses ehemals seinen Terlaner kredenzte, war ein Mann dieser Art. Mit der Grandezza, die Menschen der südlichen Himmelsstriche eignet, hantierte er unbekümmert, spülte Gläser und Flaschen rein, schnitt hellrote Eselswurst in appetitliche Scheiben, und sein Gleichmut verließ ihn nicht, wenn die Jugend im Nebenraume über Gebühr rumorte oder ein betrunkener Gast plötzlich das Bild einer tobsüchtigen Weltanschauung entrollte. Generationen sind in den zwei schmalen Stuben des Vaters Dallago beim Weine gesessen. Wir Jungen von damals waren die letzten. Und es muß wohl die Ahnung des nahen Abschieds gewesen sein, der diese Stunden so wunderbar fröhlich vergoldete. Manchmal, wenn ich die Augen schließe, steigen verräucherte Wände aus der Versenkung auf, Chiantiflaschen locken mit lieblichem Strohgeflechte, und am Nebentisch sitzen uralte Stammgäste und trinken. Da ist der greise Schulmann, der Pädagoge von unverwüstlichem Schlag, mein väterlicher Lehrer aus angstvollen Gymnasiastenjahren. Da sind vollbärtige, feistnackige Männer mit runden Brillengläsern und klugen Gesprächen, der alte Ingenieur, der beim Sprechen brummt und den sie deswegen den »Bären« nennen, der Musikprofessor mit den schüchternen Augen, der dickwanstige Astronome. Zuweilen kam auch Damenbesuch zu uns in die Lästerecke: dann brannte das Licht unter der rußigen Decke um ein paar freundliche Gedanken heller und die Seegreise am Nachbartisch feixten. Die »russische Fürstin« gab uns die Ehre, die eigentlich nur eine besonders vornehme Prager Jüdin war und märchenhaft lange schwedische Handschuhe trug. Oder meine Freundin, das Bienchen, saß mit bei Tische, die so entzückend mit der Nase lachte, wie ein Maiglöckchen aussah und furchtbar gerne gebackene Fische aß. Nun ist sie lange zerstoben, diese Welt des romantischen Frohsinns, in der so viel Hoffnung und Zukunftsglaube geisterte, in der ein Viertel des köstlichen Weins noch fünfzehn Kreuzer kostete. Den Ingenieur, den Professor hat der Tod geholt, nur der dicke Astronome sitzt jetzt in einem Innsbrucker Weinkeller und sucht in seinem Glas nach unentdeckten Sternen. Die russische Fürstin hat in Amerika einen Ölmagnaten geheiratet. Nur das Bienchen ist nicht davongesummt, hat einen reichen Verehrer gefunden, ist herbstlich geworden seither – – aber immer noch hübsch – – und lacht mit der Nase.

Stimmungen geräuschloserer Art kam eine andere Idylle entgegen, die mit friedfertiger Stille, blumenvergitterten Fenstern und bernsteingelbem Melniker zum Verweilen lud. Dort, wo die steile Zeile des wälschen Gäßchens auf der Kleinseite ihre Höhe erklimmt, haben die Lobkowitzer Weinkellereien ihre anspruchslosen Gaststübchen. Tagsüber sind sie meist leer, eine Zuflucht für Sonderlinge und Verliebte. Ein mürrischer Kellner bringt den funkelnden Tropfen, die Gasse draußen ist stumm, nur eine Drehorgel spielt in einem entlegenen Hof oder ein barfußes Kind zerrt seinen Papierdrachen über die Fahrbahn. Hier war es, wo Grübler, kontemplative Temperamente sich öfter zusammenfanden, die ein leises Gespräch oder gemeinsames Schweigen einer lauten Geselligkeit vorzogen. Die »schwarze Kathi«, das berühmte Modell der Prager Malschule, saß hier mit uns in der Dämmerung und lenkte unsere Unterhaltung mit guter Manier in die Bahnen ihrer derben Natürlichkeit. Auch diese Runde hat der Besen der Zeit in alle Windrichtungen gekehrt. Nur die »schwarze Kathi« sehe ich bisweilen, wenn ich am frühen Morgen durch die krummen Straßen der Altstadt pendle. Sie trägt einen großen Schmutzkübel in der Hand und ihre schwarzen Haare hängen ungekämmt in die Stirne. In der Organisation der Hausmeisterinnen wurde sie in den Vorstand gewählt. Wo mag das grüne Seidenkleid geblieben sein mit der Halskrause und den Spitzenmanschetten, darin wir sie immer bewunderten? – – Wo ihre flammenden Augen? – – Überhaupt – – die Tragik des Altwerdens besteht ja zumeist darin, daß Frauenmut und Frauenreiz so gar nichts dagegen vermögen. Alle die Heben von dazumal, weißbeschürzte Ganymädchen, kunstvoll frisierte Bardamen, die lächelnd und unwiderstehlich unseren Weg verstellten, haben wohl unterdessen dran glauben müssen, daß man nicht ungestraft unter Jahrzehnten wandelt.

Holdselige, bubengelockte Piroschka, die du so prachtvoll verächtlich die Zunge blecken konntest, wenn einer der Gäste sich's unterfing, dich freundschaftlich zu necken – – wie siehst du jetzt aus? Verdienst du als alterndes Kindermädchen dein Brot, mißmutig mager, unfroh und sittenstreng, oder hat dich ein braver Postbeamter geheiratet und sonnst du dich würdevoll im Glanze deines Titels? Oder du, sanftmütiges Gretchen, du vollbusigste unter den Kellnerinnen in Fischbachs gemütlicher Weinstube unter den Laubengängen des Kleinseitner Platzes, denkst du noch heute manchmal daran, wie dir dein Aberglaube einstmals zum schmerzlichen Verhängnis wurde? Du kanntest das Geheimnis, das strebsame Weinwirte sterbend ihren Söhnen vererben, den mysteriösen Kniff, der Besucher magisch zu locken, magisch zu verscheuchen vermag. Wenn man die Türe des Lokals in halber Höhe dreimal mit jenem Körperteil in Berührung bringt, dessen Existenz seit Jahrtausenden von Muckern nutzlos verschwiegen wird, dann ist der Zauber getan. Verübt man denselben von innen, im Angesichte der Stube, strömt Glück und Reichtum ins Haus:

ehe ein Weilchen vergeht, kommen die »Separé-Gäste«. – – Tut man's dagegen von außen, auf der Seite der Türe, die sich der Gasse zuwendet, dann bleibt der köstlichste Wein in dieser Nacht ungetrunken, dann hilft kein Lichterglanz, keine Musik, der Bann ist stärker als sie: die Gäste gehen vorüber.

Helläugiges Gretchen mit dem frommen Kindergesicht! Wie oft sahen wir neugierig staunend deinem geheimnisvollen Treiben zu, wenn du geschäftseifrig im Dienste deines Herrn die Türe behüpftest. Und das Glück war dir hold, dein Kunstgriff wirkte, der Sekt wurde eingekühlt. O hättest du dir an diesen Erfolgen genügen lassen! Aber dein Ehrgeiz flog höher, Konkurrenzneid fraß dir am Taubenherzen. Heimlich, im Schutz der Dunkelheit, schlichst du zum benachbarten Weinhaus hin und verübtest den Zauber von außen. Das tatest du Nacht für Nacht, bis sich der Nachbarwirt, durch den schlechten Geschäftsgang beunruhigt, mit dem Rohrstock auf die Lauer legte. Heißt nicht ein Bibelwort, womit man gesündigt, daran soll man wieder gestraft werden? Und einmal – – sanftmütiges Gretchen – – da hatte er dich beim Wickel! – –

A. SRBA
M. MOTTL
PETROLEUM
Hoflieferanten

Prager Fiaker–Erinnerungen

Wenn die Sonne nach Winterwochen die Welt verwandelt, wenn alte Gärten zwischen den Mauern flammen, Fliederbüsche rosa und weiß ihre Düfte streuen, dann ist es manchmal wieder wie in der Jugend. Man sitzt im Baumgarten in der großen Restauration, wo vormittags nur ein paar Tische für die Frühstücksgäste gedeckt sind, Kastanienblüten fallen in den Sand, schöne Damen traben auf frommen Pferden über den Reitweg. Es ist alles wie früher: Gullaschgerüche verlocken verführerisch, bei der Veranda macht das Personal einen Schwatz. Baumkronen dämmern sehnsüchtig und hellgrün. Es ist ganz wie einstmals vor zwanzig, vor dreißig Jahren. Selbst der Herr Pfeifer ist noch da, Zahlkellner, wie er im Buch steht, groß, elegant, ein siebzigjähriger Hüne, der im Gefühl seiner Befugnisse, imperatorische Manieren bewahrte. Nur Kleinigkeiten haben sich verändert: Das Gullasch ist teurer geworden, es fehlt die Erwartung, mit der man den Ablauf des Tages begleitete, es fehlen Übermut, blinde Bereitschaft, das Rendezvous, das den Nachmittag vergoldete, Herzklopfen, Träume vom Wunder und – – die Fiaker.

Einen Steinwurf weit von den letzten Tischen war damals der Standplatz. Wenn man von schnaubenden Rössern gezogen die schummrige Allee drei- oder viermal im Kreise passiert hatte, von Fußgängern bestaunt, vom Nimbus der Hochstapelei bei Freunden und Neidern umwittert, ließ man den Wagen halten, streifte die Decke von seinen Knien, nahm den Gruß des Wasserers, der trinkgeldbeflissen herbeieilte, mit gespielter Würde entgegen. Das war von allen Momenten der schönste. Dieses Aussteigen vor forschenden Augen, Phalanx der Kellner, Militärmusik, die im Pavillon konzertierte, es war Synthese einer erlesenen Lustbarkeit, die sich Vorrecht und Lebensgewohnheit der Reichen mit Vermessenheit anmaßte, die allein schon beglückte. Man kann sich heute im Zeitalter des Automobils, wo jedes

Dienstmädchen einen Chauffeur zum Freund hat, Wollust der Schwarzfahrerei bis zum Überdruß kostet, von der Bedeutung des Fiakers als Instrument der Selbsteinschätzung kaum mehr einen Begriff machen. Minderwertigkeitskomplexe, die in unseren Tagen die Psyche der Jugend bedrängen, entfernte jedermann schmerzlos, der das Talent besaß, sich in Besitz von fünf Gulden zu setzen und eine Fahrt in den Baumgarten zu machen. Das Rollen der Räder, der breite Rücken des Kutschers, der ehrfürchtig vornübergeneigt mit Devotion durch die Gassen flitzte, zauberten für Stunden leichtbeschwingte Noblesse in ein Dasein, das Gegensätze mit Elan überbrückte, trügerische Illusion mit Findigkeit aus dem Nichts hob. Studentenschulden wurden lebemännisch belächelt, dekorative Bravour des Zweispänners steigerte den Kredit ins Ungemessene. Moissi, dessen Prager Jahre vom Glorienschein süßer Nachtschwärmereien lässig umstrahlt sind, Onno, der gern und beweglich in seine Fußstapfen trat, der Maler Oppenheimer, Hadwiger, expressionistischer Prophet seligen Angedenkens, dessen lyrischer Schlapphut Ärger der Fixorientierten mit Hochdruck erzeugte, waren Kumpane, die zur Baumblütezeit dem Fiakersport voller Hingabe huldigten. Der Gummiradler entführte uns zu zweit und oft auch zu dritt, was als Gigerlsitz besonders geschätzt wurde, ins Paradies der Frühlingsallee, wo müßige Spaziergänger andächtig Spalier standen, der Brezelmann mit dem Tragkorb zum Ententeich eilte, wo frohe Gegenwart einen Vorhang vor Zukünftiges zog, von dem auf Ruhm und Erfolgen, aber auch von Tod und Enttäuschung noch nichts zu entziffern war. Herr Pfeifer, dem noch aus dem Café »Renaissance«, dem Stelldichein Jungprager Gilde, Umgang mit Künstlern im Blute steckte, quittierte vorübergehende Verlegenheit seiner Fiakergäste immer mit Weltläufigkeit. Vielleicht steht in alten Notizbüchern jungschöner Tage noch immer ein unbewegliches Pöstchen, das er indessen mit Schmunzeln abschrieb, weil die neue Valuta es ohnehin gegenstandslos machte. Zuweilen, wenn die Frühsommersonne im Baumgarten wimmelnden Trubel entfesselte, kam in gummibereifter Kutsche auch ein Stück

Nachtleben angefahren, Tante Busch, die dem berühmten Salon Goldschmied im Gemsengäßchen präsidierte, hielt in großer Toilette vor dem Genußplatz, lauschte mit ihren Damen in aristokratischer Haltung dem Sonntagskonzert. Abends, wenn die Wolken über dunkelnden Bäumen sich tiefer färbten, die Musikkapelle die große Pause machte, ging es dann wieder heim. Der Kutscher saß auf, die Decke wurde fürsorglich über die Beine gebreitet, der Wasserer bekam seine zwanzig Kreuzer, und im Bewußtsein eines in guter Form vertanen Nachmittags, den auch Millionäre nicht genießerischer verbringen konnten, fuhr man über die respektvoll erzitternde Kettenbrücke im flotten Trab dem Stadtinnern zu, wo im Theatergarten, im Hofbräuhauskabarett oder im unvergeßlichen Chantant »Zur Stadt Wien« in der Hybernergasse die Festivität ihren Fortgang nahm. Die heutige Generation mit ihrem Sinn für das Praktische, mit ihrer intellektuellen Einstellung zu den nüchternen Fragen der Jetztzeit, wird die Systemlosigkeit solcher Freuden mit ironischem Protest als idyllisch ablehnen. Jedes Jahrzehnt ist durch sein Tempo gekennzeichnet. Wir haben Zeppeline und Flugzeug, Ozeanflüge und Raketenauto. Die Zeit vor der Jahrhundertwende, als die Welt noch Raum für Geruhsamkeit und fröhliche Bummelfahrten bot, hatte ihren Fiaker. Es war ein nobles Gefährt, von raunender Legende mit Kavalierstreichen und Kronprinzenabenteuern verknüpft, in dem man vornehm und unbeschwert durchs Leben gondelte, wie durch einen heiteren, aus Leichtsinn und sentimentaler Gutgläubigkeit reizvoll gewobenen Roman.

RESTAURANT
KOBYLKA
KOPMANKA
KOPMANKA RESTAURANT KOBYLKA
BALKÁN
Kavárna
CAFEE
Vinárna.
Weinstube.
PIANO
Schulbücher
KAUFT
Schulbücher
KAUFT

Kollegentag

Im kleinen Saale des Palast-Hotels ist die Stimmung noch ungeklärt und ein bißchen befangen. Die Abiturienten, die vor fünfundzwanzig Jahren dem Gymnasium in der Prager Gasse Valet sagten, feiern heute die obligate Zusammenkunft. In der Mitte der Tafel, in korrekte Halsbinden und ernsthafte Gehröcke gezwängt, sitzen die Professoren. Es sind nur noch drei: der Katechet, der Mathematiker, der Lateinlehrer. Sie blicken mit müdem Lächeln umher und suchen sich zu erinnern. Auch der Lateinprofessor, ein glänzender Causeur, der ehemals den philologischen Studienplan mit krausen Einfällen belebte, ist schweigsam geworden. Seinen Witz hat das Unglück stumpf geklopft, sein Weib ist begraben, sein Sohn ist im Irrenhaus; nun lebt er allein, ein mürrischer Pensionist unter den übrigen. Der Primus von dazumal, ein Wiener Rechtsanwalt, hält die Begrüßungsrede. Er spricht gut, packt halbvergessene Schuljungengefühle aus der Westentasche, brilliert mit Herzenstönen und mannhaft gedämpfter Wehmut. Die Gaderobenfrau, die aus dem schmalen Vorraum in den Saal herüberschaun kann, lauscht teilnahmsvoll ergriffen an der Tür. Die drei Gehröcke in der Mitte starren mit undurchdringlichen Gesichtern auf den Teller.

Nach dem offiziellen Teil wird die Unterhaltung beschwingter. Der Wein beginnt zu wirken und allmählich steigert sich das Stimmengewirr zu dem lärmenden Chaos, das alle von der Zehnuhrpause der Oktava her im Gedächtnis haben. Einstmalige Sitznachbarn rücken zusammen, man fragt, schwätzt durcheinander und der sportstüchtige Rolf, der seinerzeit über das »Entsprechend« aus Sitten nicht hinauskam, den aber sein Tennisspiel inzwischen in Europa bekannt machte, lacht keck und unbotmäßig. Manche sind unverändert geblieben, wie der kleine Landesgerichtsrat, der immer noch beim Sprechen mit dem Köpfchen nickt und mit den Armen weitausholende, fahrige Bewegungen macht. Manche sind sittsam bebrillt und von Vollbärten umrandet; aber hinter den Augengläsern funkelt es spitzbübisch vergnüglich. Das Mutterkind Otto, der Musterschüler, dessen Benehmen ebenso großartig in Ordnung war wie seine Präparationshefte, hat sich zu einem Filmtyp ausgewachsen. Seine dämonischen Augen brennen, sein bleiches Gesicht ist blasiert und gefährlich. Nur das Kinn ist etwas zu feist, erzählt von den Schlemmergenüssen und leichten Erfolgen bei Frauen. Er sitzt neben dem Sportsmann, gibt weltgewandt pikante Anekdoten zum besten und verachtet die Eisenbahner, die sich am unteren Ende der Tafel zu einer scharfen Ecke zusammengefunden haben. Der Aufenthalt in der Provinz ist nicht spurlos an ihnen vorbeigegangen; sie tragen steife Schnurrbärte unter der Nase, Hemdbrüste und genähte Krawatten; nur der schwarze Pick ist englisch gestutzt, der während des griechischen Unterrichtes gewöhnlich die »Fliegenden Blätter« zu lesen pflegte.

Die meisten haben Karriere gemacht, oder doch etwas, was man so nennen könnte. Zwei Sektionsräte schmücken die Runde, ein Domäneninspektor, ein gesprächiger Gutsbesitzer; der Bankdirektor, der klotzig viel Geld verdient und alles berappt, was heute gefuttert und getrunken wird, ist leider verhindert. Ein Trauerfall in der Familie beraubt ihn der kostspieligen Gelegenheit, sich ausgiebig feiern zu lassen, im Staatsdienst verarmte Kollegen mit Mammon und Weltläufigkeit zu blenden. Der lange Vereins-Ferdinand, mit ehrenfester Politik bis zum Halse gefüllt, spricht mit erhobenem Zeigefinger. Er ist glänzend gelaunt, von Erfolgen geschwellt, heute wie ehedem der Spaßmacher der ganzen Klasse. Ein Landarzt, dem auf dem holprigen Pflaster des Städtchens seit Jahren der Zusammenhang mit aller Geselligkeit abhanden kam, schaut mißbilligend auf den Trubel. Die Uhr zeigt auf Mitternacht. Der Lateinprofessor, der Mathematiker, der Katechet verschwinden in der genannten Reihenfolge.

Der Prokurist, der in Vertretung des abwesenden Bankdirektors den Hauswirt spielt, reicht Zigarren herum und verliest die eingelaufenen Briefe und Telegramme. Mitschüler im Ausland, denen die schlechte Valuta die Reise unmöglich macht, schmusen auf diesem Wege von alten Zeiten. Der Dichter in der vorletzten Bank, der ebenso rabiat im deutschen Aufsatz wie lyrisch im Privatleben sein konnte, findet mehrfach Erwähnung. Er ist nach der Matura zur Post gegangen und dort verrostet. Ein Gedichtbuch, ein paar Romane, die er später veröffentlichte, sind unter den Tisch gefallen. Jetzt sitzt er bei der Gruppe der Eisenbahner und betrachtet verbittert den Schmerbauch des Prokuristen. Sein Humor, berühmt durch die ungebärdigen Verse der Kneipzeitung, hat den Schwanz eingezogen. Ihm ist mies vor dem Leben.

Der Trunk, der geschenkt wird, ist gut und macht dem Spender Ehre. Die Luft ist schwer, die Stimmung immer fideler. Ein Lied wird angestimmt, eine Lache steigt tobend auf, ein Glas fällt um, und der Wein fließt über das Tischtuch. Fünfundzwanzig Jahre stürzen in die Versenkung. Gespenstisch gewandelte Gesichter werden wieder jung, läppische Bubenscherze kommen wieder zur Geltung. Der Landesgerichtsrat bläst die Backen auf und stößt mit der Zunge wie der dicke Supplent in der Geographiestunde. Der Oberfinanzrat macht die Hand hohl und summt wie eine Fliege. Der neurasthenische Postbeamte, der es zu nichts gebracht hat, steht auf und geht auf die Gasse. Es ist spät und die Laternen flackern spärlich. Aus der Richtung der nahen Parkanlagen kommt der Wind und duftet nach feuchtem Rasen und Blättern. Er ist süß und geheimnisvoll, bringt Träume mit sich, Sterngoldgefunkel, lügnerische Verheißungen. Der Postbeamte steht einen Augenblick still, zieht atmend die Luft ein und schaut nach dem Himmel; dann stampft er feindselig den Stock auf das Pflaster und geht nach Hause.

Sehnsucht nach Prag

Dem alten Prag war ich treulich verbunden
In selig vergluteten Jugendstunden.
Schien Frühsonne zärtlich über den Giebeln,
Begannen die wilden Tauben zu liebeln.

Als bange Traumlast verharrten die Zeiten
In des Burghofs hallenden Herrlichkeiten,
Brennende Wolken, Gold und Karmin,
Verflammten am Abend überm Hradschin.

Tief hing des Himmels heißes Entzücken
Über holprigen Gassen, heiligen Brücken;
Ergrauten Schicksals verwitterte Spuren
Verschönten das Antlitz ehrwürdiger Uhren.

Seither hat sich manches grausam geändert.
Bin lange nicht mehr durch die Altstadt geschlendert,
Durch Landschaft, betupft mit lenzlichen Pinseln,
Das Blütenwunder der Moldauinseln.

Manchmal, in eines Staubkorns Geflimmer,
Blickt Sehnsucht herein ins Krankenzimmer,
Erwachen Klänge, die einst mich erfreuten:
Dann hör ich die Glocken des Veitsdoms läuten.

Erinnerungen an Abraham

Es war in der Kinderzeit, in schwärmerisch verdunkelter Flucht früher Gymnasialjahre, als ich ihm zuerst begegnete. An einem Wintersonntag hatten wir mit dem Vater einen Ausflug nach dem sagenhaften, von Anekdoten umwitterten Burschenwirtshaus »Zum Schipkapaß« unternommen, das außerhalb der Stadt nach einer Wanderung auf trübselig verschneiter Landstraße hinter dem Dämmerlichte des Waldhanges auftauchte. Der Eindruck, den das schäbige Blockhaus auf die Phantasie des Knaben machte, war ungeheuer. Zügellose Erzählungen vom Treiben trinkfester Gesellen, die hier in tagelangen Kneipereien die akademische Freiheit verzettelten, Begrüßung durch Osman Pascha, den heldischen, mit fürstlicher Unverschämtheit residierenden Studentenwirt, primitiver Zauber des »Häringsteiches«, eines armselig verfrorenen Tümpels unweit der Türe, der in der Regie dieser Umwelt alkoholisch verschwommene Bedeutung annahm, schlossen sich zum Bilde abseitigen Abenteurertums, bürgerlichem Hausrat geheimnisvoll entfremdeten Lebens zusammen, das mir mit grimmigen Schatten, Rundgesang, groteskem Unfug unvergeßlich blieb. Inschriften an verlotterter Kalkwand, die den Besucher mit dem Pathos eines lahmen Humors überfielen, baten um Schonung der »Balkanteppiche«, schmutziger Strohmatten auf verluderter Diele. Gelbes Bier schäumte in den Gläsern, Petroleumlampen qualmten, Zuleika, die Wirtsfrau briet dampfende Würste auf knisterndem Sparherd, und auf der Rechnung paradierte nach bewährtem Brauch im Verkehr mit Neulingen ein Posten für den Genuß des Sonnenunterganges. Ein kleines Männchen mit schiefer Kopfhaltung, das lästernd in der Stube rumorte, nahm widerwillig die Mütze und trollte sich in die Dunkelheit, als dröhnender Baßruf des Hausherrn den Befehl erteilte, den Berg über dem Walde zu besteigen, um Ausschau nach »Flamendern« zu halten. Das war Abraham, nachmalig Faktotum und Sachwalter der deutschen Studenten- und Finkenschaft, schon damals Bankier und Großsiegelverwahrer inkorporierter Dallesbrüder, der hier am Anfange seiner Laufbahn in der unwahrscheinlichen Bude eines philosophischen Gastwirts bei Sauforgien den Vorsitz führte, die Invaliden des Trunkes beflissen in den »Adlersaal« beförderte, den wüsten Exzessen rebellierender Jugend gleichmütig seinen Profit abgewann. Seine Aufgabe war, die Befugnisse eines Schankkellners mit der Gerissenheit des Vertrauensmannes zu vereinigen, der Uhren und Tabaksdosen, Frackanzüge und Photographierahmen bereitwillig ins Versatzamt trug, mit Bargeld aushalf, wenn Monatsmieten fällig wurden und für seinen Freund und Brotgeber Osman wöchentlich mehrmals die beschwerliche Reise nach Prag unternahm, um säumige Beträge zu kassieren, Gewerbliches zu erledigen, kurzum, sich »punkto Moos« zu betätigen.

Auch noch in späteren Jahren, als mich gemeinsame Bummelfahrten mit notleidenden Kumpanen zu dem Gealterten in Beziehungen brachten, war seine Gestalt beständig vom Nimbus dieses Kinderausflugs umsponnen. Seine Art, Bittsteller im Hinterhause der Neupragerstraße zu empfangen, sein frageloses Mitgefühl mit den Leidensstunden unreifer Torheit, seine Schmugglerschlauheit, die aus Sackgassen, rettungslos verpfuschten Situationen immer auf gute Weise den Ausweg fand, hoben seine Person aus der trüben Sphäre geschäftlicher Manipulationen in die befreiende Luft warmherziger Anteilnahme. Er verstand es meisterlich, den Pumpversuchen wurzfrohen Übermutes die kalte Schulter zu zeigen, aber er war immer bereit, zu helfen, wenn Herzensangst an seine Türe pochte, wenn es galt, die Suppe, die man sich eingebrockt, unter dem Schutz seiner freigebigen Erfahrung zu löffeln. Natürlich machte Zynismus der Jugend seine gutmütige Schwäche zum Zielpunkt rentabler Spekulationen. Wir hatten es bald heraus, daß bei gewissen Anlässen, wo Eile den Trumpf bedeutete, das Reisegeld locker in seiner Brieftasche saß, und trieben eine Zeitlang munter den Sport, überhastet bestürzt, mit Lederkoffer und Rucksack bewaffnet, in der Wohnung des Überrumpelten zu erscheinen, der von der Ausrüstung geblendet, unbedenklich mit Moneten herausrückte. Auch die psychologische Methode, die den Erleichterungskoeffizienten bedachtsam in Rechnung stellte, war in beliebtem Schwung. Wir verlangten telephonisch für irgendeinen raffiniert erklügelten Zweck eine hohe Summe, gegen die der verzweifelte Abraham gepeinigt protestierte, um dann bei persönlicher Vorsprache die Ziffer auf jenen Bruchteil zu ermäßigen, den er aufatmend gewährte. Es ist verständlich, daß bei der Rückgabe der entliehenen Gelder ein frommer Gewinn in seine Tasche floß, aber von Wucherzinsen, gewaltsamer Eintreibung zögernder Rückstände war bei dem Alten niemals die Rede. Von Monat zu Monat, von Jahr zu Jahr wurden Außenstände willig gestundet, und das schmierige Notizbuch, das alle Haupt- und Staatsaktionen seiner weitverzweigten Gebarung umfaßte, war ein versöhnliches Brevier, das keinen Zahlungsunfähigen schreckte.

Schlagfertiger Witz, der zudringlich Klobige in die Schranken wies, Spötter damit bestrafte, daß er vom folgsam geschulten Pikkolo eine »Blume« zu eigenen Gunsten vermerken ließ, machten ihn zum wohlgerüsteten Meister aller Ungebändigten. Der »Blumen Rache«, die er beim Frühschoppen seiner Kundschaften mit behaglichem Eifer übte, warf immer ein erkleckliches Sümmchen ab, das niemandem wehe tat, mühelos verdient war. Er war die Persönlichkeit, die Träger aller Farben und Bekenntnisse unter die Fittiche nahm. Politischer Zwiespalt verstummte vor seinem Angesichte, Parteihader neigte sich kleinmütig seiner Entscheidung. Der Krieg, der in die Reihen seiner Schuldner klaffende Lücken riß, nötigte ihn zur Abschreibung zahlloser Beträge, machte den nahezu Siebzigjährigen zum armen Manne. Osman Pascha, dessen gewaltige Gurgel jahrzehntelangen Räuschen getrotzt hatte, bis ein ironisches Schicksal den Hünen mit einem Geflügelknochen erstickte, hatte schon Jahre vorher wehmütigen Abschied von einer Welt genommen, in der die Burschenherrlichkeit versunkener Epochen noch einmal zum trügerischen Hexensabbat erwacht war, stumpfsinnige Freude auf dem

L. AUERBACH
Manufaktur
WAAREN
EN GROS
I. Stock
Strizne
ZBOŽÍ
VELKÉM
PERI
OVOCNÝ TRH

Grunde geleerte Krüge glotzte, Treue und Männerfreundschaft ein bißchen unsicher auf beiden Beinen standen. Pietätvolle Andacht der Tafelrunde hatte sein Grab mit einem Gedenksteine geziert, als Abraham, der gelehrige Schüler seines Meisters, beim feierlichen Salamander des Todes nachklappte. Mit ihm starb der letzte Repräsentant einer konfusen Romantik, für die im scharfen Licht unbarmherziger Nachkriegszeiten kein Raum mehr vorhanden war. Die Gespenster des Suffs, das hohe Lied unverzagter Pumpfröhlichkeit verflatterten vor der nüchternen Klarheit bezwingender Probleme. Aber sein Andenken wird währen, solange die Sage vom Prager Studenten bestehen bleibt, solange das Wort vom Antiphilister die Herzen der Jugend entflammt. Man hat gesagt, die Mythe vom alten Abraham werde unsterblich sein, untrennbar mit der Geschichte Prags verknüpft, wie die Gestalt Johanns von Nepomuk, des Golem und des hohen Rabbi Löw. Es war der Nachruf eines Studenten, der sich also vernehmen ließ, der von Erinnerungen besiegt, den Blick für das Maß und die Distanz verlor. Eines ist gewiß: wenn es nach späten Tagen noch Burschenlieder geben wird, die zum Preise geheiligter Traditionen, verrauschter Inbrunst erklingen, wird auch der brave Studentenvater darin sein Plätzchen haben, der kleine Jude mit der gütigen Rauhbeinigkeit, der Schiffbrüchigen unverzagt in der Seenot beistand, der Kümmernisse, Überschwang, Sündenregister aus dem Effeff kannte, ein Hort der Bedrängten, ein Tröster der Ungeduldigen, der die Beichte abhören konnte wie keiner. Er hätte ein großes Begräbnis verdient, der Alte, der ein halbes Jahrhundert lang ein Helfer des Lebens war, mit Auffahrt, blanken Schlägern, Blumen und Weihe. So ist er still, fast unbemerkt bestattet worden, in einer Zeit, die des Klimbims solcher Ehrung politischer Untunlichkeit halber entraten mußte. Der Beruf, den er wählte, lief in bizarren Kurven auf ausgefallenen Gleisen. Aber sein Wirken war von Menschlichkeit beschwingt, von Weisheit durchlichtet, von Dankbarkeit geadelt.

Gebet für die Heimat

Die Heimat hat Zauber und Zeichen,
Die muß man nur richtig verstehn:
Baumriesen, die himmelwärts reichen,
Mondlichter auf schimmernden Teichen,
Blauberge und Waldeswehn.

Da reift das Korn im Gelände
Schwerkrumige Ackerspur,
Da rauschen die Flüsse behende,
Gott breitet die segnenden Hände
Über die goldene Flur.

Der Grenze Hüter und Meister
Geht Rübezahl auf die Fahrt. –
Es knistert im Hochland der Geister
Sein vom Gestöber vereister
Wallender Wolkenbart.

Und Kirchen gibt es im Tale
Mit Glocken lieblich und lind –
Wie wird da mit einem Male
Bei frommer Kerzen Gestrahle
Der gläubige Beter zum Kind!

Du altes Prag voller Wunder
Im Herzen des böhmischen Lands,
Von Linden umsäumt und Holunder – –!
Es brennt deine Schönheit wie Zunder
Im unvergänglichen Glanz.

St. Nepomuk, du Getreuer,
Du hast an die Liebe geglaubt –
Es schwelt ihr heiliges Feuer
Als ewige Glut im Gemäuer
Und schmückt dein steinernes Haupt.

Gib acht auf deinem Posten,
Der die Moldaubrücke bewacht! –
Vom Westen bis zum Osten
Laß nicht die Liebe verrosten! –
St. Nepomuk, gib acht! –

Kitsch

Zuweilen ist es Neid, manchmal Snobismus, der Bilder und Menschen, Landschaften und Bücher mit dieser Bezeichnung abtut. Der Verdacht ist nicht unbegründet, daß der Feldzug gegen den Kitsch vornehmlich von jenen geführt wird, die Ursache haben, seine Konkurrenz zu fürchten. Ich habe einen Maler gekannt, der zu sagen pflegte, Italien sei kitschig. Die Sehnsucht von Tausenden, die zwischen Kontor und Entbehrung ein Traumland erfühlen, überirdisch besternt, meerblau mit dunklen Hainen, ist damit gebrandmarkt. Attribute, die unserem eigenen Leben abgehen, Heiligkeit tiefhängender Abendwolken, Anmut edler Balkone, Leidenschaft der Lieder, Mondzauber über Orangengärten, sind ihrer Andacht entkleidet, kaltsinnig auf ein Niveau gestellt, von dem der Geschmackvolle abrückt. Diese Mißbilligung obligater Empfindungsfiguren scheint mir ein Unrecht zu sein. Im Arsenal, wo die Urformen der Dinge ihrer Auferstehung zuströmen, hat auch der Kitsch sein Plätzchen. Irgendwo im bescheidensten Hintergrunde, ist sein Thronsesselchen aufgebaut, funkelt sein Zepter über Millionen. In seinem Reich, das Rassen und Sprachen verbrüdert, geht die Sonne nicht unter. Ihm fronen Knaben, die auf unendlichen Graswiesen den wilden Büffel erlegen und vor der Großmut des roten Mannes erschauern. Backfische und junge Mädchen sitzen erglüht über Romanen, in denen unerhörte Liebe an unerhörter Entsagung verblutet. Der Kranke im Lehnstuhl, dem zögerndes Licht tagtäglich dieselbe Zimmerwand, den nämlichen Rahmen beglitzert, betrachtet mit Rührung »Großmütterchens Liebling«. Und ihr, unübersehbare Reihe von Kärglichen, Sklavinnen im Küchendampf, Märtyrerinnen über Wäschekörben, ist es nicht wunderbar, was euch am Sonntag im Kino geschieht? Flickarbeit, Groschensorgen entführt das Orchester, überwältigend groß tut sie die Welt auf, zu der eure Seelen drängen: Kavaliere und Zirkus-

ZOULA

kinder, die Fahrt übern Ozean, Brauttod im Schneesturm; Jünglinge, die rank und unbeweglich in Gefahren stehen, Umarmungen vor dem Abschied, Schmerz in geadelten Angesichtern, Fieber beim Spieltisch, verräterische Frauen. Kitsch, grellgold bemalter, mit Tand und Rauschglanz behängter, man sollte dich nicht verachten! Du kannst Witwen trösten, Frierende erwärmen, Trauernden Freund sein. Du vermagst das Kostbarste zu erlösen, das der Mensch besitzt: Ehrfurcht und Tränen. Du bist eine Stiefschwester der Kunst, deren Name im Banner flattert, wenn sie gegen dich losziehen. Du bist verderbt, entartet, mißraten; aber du kommst aus demselben Lande wie sie: aus den Nachbarbezirken des Himmels.

Altmodisches Frühlingslied

Buntfarbene Nebel greifen
Nach den Türmen in der Stadt,
Die Moldau zieht brennende Streifen
Um die Mauern von Wyschehrad.

Leer sind die Gartenterrassen,
Kahl raschelt der wilde Wein,
Aber der Frühling geht durch die Gassen
Und schaut in die Fenster hinein.

Ich geh über Plätze und Brücken
Im langsamen Schlenderschritt
Und trage ein banges Entzücken
Behutsam im Herzen mit.

Die Schiffe schaukeln im Hafen,
Das Wasser rauscht beim Wehr,
Die Mädchen kommen verschlafen
Aus klingenden Märznächten her.

Die Heimat hat wunderschöne,
Die schönsten Kirchen der Welt,
Es ist ihr Glockengetöne
Von heimlicher Inbrunst geschwellt.

Die Augen der Leute sind dunkel,
Von seliger Zuversicht feucht – –
Der Veitsdom steht voll Gefunkel
Im letzten Abendgeleucht.

Angst

Wovor ich eigentlich Angst habe, fragst du mich? O, es ist nicht so, daß ich mich fürchten würde. Es ist ein Unbehagen, das mich auf einmal überfällt, wenn ich zu Hause bin und die Figuren der Wandmalerei mit den Augen nachzeichne. Da kommt es ganz leise, unmerklich und ohne daß ein Grund dazu wäre. Ich spüre, wie es hinter meinem Rücken auf mich zukommt, wie es verlegen stehen bleibt und wartet. Ich sehe der Fliege zu, die langsam über den Lampenschirm kriecht und rege mich nicht. Ich weiß, jetzt wird es mich anrühren.

Und dann ist es da. Manchmal fühle ich's, wenn es noch ganz weit irgendwo draußen in den Feldern oder in der Vorstadt ist. Mein Gehör hat sich geschärft. Ich lausche in die Stille, minutenlang, viertelstundenlang. Am Ende der Straße fährt ein elektrischer Wagen ein. Ich höre die Schienen summen. Das Geräusch wird stärker, die Fenster dröhnen, und der Wagen fährt an meinem Hause vorbei. Aber unten, wo aus dem Laden des Kaufmannes der Lichtschein auf das Pflaster fällt, ist es abgesprungen und in das Haustor getreten. Es. Ich kann's nicht anders nennen, ich weiß nichts davon, als daß es mich täglich besuchen kommt. Es hat kein Profil, keinen Namen und kein Geschlecht. Etwas Körperliches, das man nicht wahrnehmen kann, etwas Fremdes, das nicht mein ist.

So kommt es täglich zu mir, von ungefähr, mit all dem Grauen eines anderen Lebens. Das Wort ist mir fast ungewollt in den Sinn getreten. Es muß aus einem anderen Leben sein, dieses Etwas, das sich an mich drängt und mir bange macht. Aus einem Leben, in dem unsere Ahnungen noch nicht tappen, aus dem durch einen Zufall ein Stück Bewußtsein in mich hineingeraten ist. Irgendeine Wurzel meines Wesens muß gelockert sein, irgendein Atom meiner Seele muß Irrgänge gehen. Wenn ich in der Nacht aufwache, liege ich mit offenen Augen da und kann mich nicht besinnen. Ich denke nach, wer ich bin

FISCHL & BONDY
CAFÉ WIEN
HYNEK GOTTWALD
LÖBL

und kann mich nicht an meinen Namen erinnern. Vielleicht hat da ein Teil von mir meinen Schlaf benützt, um von mir wegzugehen und in einem andern Leben heimisch zu werden. Vielleicht bin ich auf rätselhaften Reisen und nur mein Körper schläft. Vielleicht bin ich deshalb so müde.

Ich glaube manchmal, daß die Grenzen zwischen mir und den andern Dingen verwischt sind. Als Kind habe ich einmal in der Nähe der Stadt einen Baum gesehen. Es war Winter und Dämmerung. Im Tal lag das Dorf und sah mit trüben, roten Augen in den Wald hinein. Der Baum stand abseits mit beschneiten Ästen, hinter ihm glänzte der Himmel im letzten Licht. Ich habe diesen Baum nie vergessen. Er ist mit mir groß geworden, und sein Bild hat mich niemals verlassen. Ich bin überzeugt, daß er heute noch da ist und seine Arme in den Abend breitet. Oft, wenn ich traurig bin und die Augen schließe, ist mein Leben vertauscht. Ich stehe statt seiner da, fühle den Schnee auf den Zweigen und spüre, wie ein Stein an den Wurzelnerv stößt und schmerzt. Ich bin der Baum. Das Dorf unter mir im Tal ist wie damals, der Wald rutscht den Abhang hinunter, und sein Atem mischt sich mit der Kälte. Ich stehe und rühre mich nicht. Es ist wundersam sonderbar. Es ist schön, so zu leben, den Geruch der Erde im eigenen Leibe, nichts anderes als Licht oder Dunkelheit, Dunkelheit oder Licht zu empfinden. Es ist schön und mir graut davor.

Ich weiß es jetzt. »Es« ist der Schatten der Dinge, mit denen ich mein Dasein teile. Es gibt viele in mir und neben mir. Zuweilen ist es der Baum auf dem Felde, zuweilen ein anderes. Aber ich habe noch eine Angst, eine ungeheure und trostlose, die so groß ist, daß ich weine. Wenn einmal jener Teil von mir, jenes Stück Seele, das von mir weg auf Abenteuer geht, nicht mehr zurückkäme, wenn es den Weg nicht mehr fände im Finstern, wenn ich ratlos vor mir selbst dastände, zwischen meinem und einem anderen Leben, von denen keines mehr mir gehört – – – wie ein Kind, das man im Dunkeln allein gelassen hat – – –

Der Autor über sich selbst
(aus »Prager Rhapsodie«)

Ich bin am 27. November 1878 in Prag geboren. Die poetisch verrauchte Luft der Jahrhundertneige, Glanzzeit und Abstieg eines bürgerlichen Liberalismus umwoben meine Kindheit. Mein Vater, der aus dem deutsch-böhmischen Grenzstädtchen Friedland stammte, hatte zuerst als Uhrmachergeselle die Welt durchwandert, dann sechs Jahre lang als Soldat in Ungarn gedient und schließlich in Prag seine Jugendliebe, eine Tochter des Friedländer Stadtsekretärs, geheiratet. Ich besuchte acht Klassen des deutschen Gymnasiums in der Stefansgasse, und diese halbdunkel umwölkten Schuljahre mit Knabenstreichen und Prüfungsängsten geistern noch heute manchmal durch meine Träume. Nach der Matura trat ich in den Staatsdienst ein. Unversehens geriet ich eines Tages in den überschäumenden Wirbel einer Bohème, die damals die Prager Nächte unsicher machte. Sturm und Drang so erworbener Erlebnisse führten mich endgültig zur Literatur, der ich schon früher als halbwüchsiger Adept sehnsüchtig verfallen war. 1901 erschien mein erstes Buch, die Legende »Türen des Lebens«, dem bald ein Versbändchen »Glocken, die im Dunkeln rufen« folgte, das in Köln am Rhein mit Bildern von Hugo Steiner-Prag in luxuriösem Gewande herauskam. Mein Roman »Daniel Jesus« im Berliner Magazin-Verlag brachte Beifall und Widerspruch. Fazit und Gewinn dieser Periode waren die Freundschaft mit Alexander Moissi, Gustav Meyrink und seinem Kreis, mit Richard Dehmel und der Lasker-Schüler.

In der Folge hat mich der verführerische Hauch eines wirklichen Erfolges mehrmals aus nächster Nähe berührt. Das war zum Beispiel, als der Leipziger Kurt Wolff-Verlag meine bei verschiedenen Verlagshäusern verstreuten Publikationen in der Reihe seiner »Gelben Bücher« als Gesamt-Ausgabe drucken wollte, was damals Geld, Ansehen und Publikumsruf bedeutet hätte. Es ist nichts daraus geworden.

– »Irgendein Trottel von Lektor war Schuld daran« – schrieb mir später Meyrink aus seiner Klause am Starnberger See in einem verärgerten Briefe. Dann war es Barnowski, der meine Komödie »Der blaue Zirkus« auf der Bühne des Lessingtheaters spielen wollte, für einen deutschen Autor ein unerhörter Glücksfall. Schon war mir der Vertragsentwurf zur Genehmigung zugegangen, und ich harrte des Telegramms meines Theater-Agenten Hoffmann & Campe in Berlin, das fällig war, sobald der Kontrakt perfekt würde. In letzter Stunde scheiterte die Sache an dem schwierigen Format der weiblichen Hauptrolle, für die keine passende Darstellerin aufzutreiben war. Das Stück wurde nachher in der Prager »Kleinen Bühne« unter der Direktion Leopold Kramers uraufgeführt. So ist meinem Wirken nur der Respekt in Literaturkreisen, gelegentliche Aufmerksamkeit im Auslande und die Anerkennung der engeren Heimat beschieden geblieben. Meine besten Bücher sind nach meinem Gefühl »Der Berg der Erlösung« (bei Oesterheld & Co. in Berlin), die Prager Romane »Severins Gang in die Finsternis« (Delphin-Verlag, München) und »Hüter der Freude« (Deutsch-Österreichischer Verlag in Wien).

Mein Ruhm als Spaßmacher und ungekrönter König der Prager Bohème ist mittlerweile verflogen. Als ich vor seiner allzu zudringlichen Pracht vor drei Jahrzehnten in den Hafen der Ehe flüchtete, begann sein Glanz zu verblassen. Die Kumpane, die ich in Jünglingsnächten gewann, der wundervolle Rausch ihres ekstatischen Tempos, sind bei Entstehung meiner ersten Bücher Pate gestanden. Mein tiefstes Erlebnis ist Prag geblieben. Sein Zwiespalt, sein Geheimnis, seine rattenfängerische Schönheit haben meinen dichterischen Versuchen immer aufs neue Antrieb und Inhalt gegeben. Ein Schauspiel »Der Enkel des Golem«, das in die Atmosphäre der alten Stadt mystisch getaucht war, ist seit 1934 in Prag und Brünn gespielt worden. Im selben Jahr ist mir anläßlich der 175. Wiederkehr des Geburtstages Friedrich Schillers von den literarischen Vereinen Prags in Gemeinschaft mit der »Schillerstiftung« der Schiller-Gedächtnispreis verliehen worden. Den Erinnerungen, die mich mit Prag verknüpfen, den

Gestalten und Landschaften einer inbrünstig verbrachten Jugend, habe ich in dem Prosabändchen »Frühling um 1900« ein Denkmal gesetzt, das vor Jahresfrist im Verlage der »Deutschen Buchgemeinde, Prag-Brünn« erschienen ist.

Im Versklang meiner frühen und späten Gedichte läuten die Glocken des Veitsdomes.

Prag, im Oktober 1937 Paul Leppin

AUTO!
piva
v DOMĚ

Nachwort

Das Prag um die Jahrhundertwende ist unwiderruflich verbunden mit dem Namen Paul Leppins. Von allen Prager Dichtern anerkannt, war er – mit den Worten Max Brods – »der eigentliche erwählte Sänger des schmerzlich verlöschenden Alt-Prag, der verrufenen Gäßchen, der durchzechten Nächte, der Vagabunden« und der nicht vergeblichen Gläubigkeit »vor prunkvoll barocken Heiligenfiguren«, dessen Stimme »aus unserem Prag nicht weggedacht werden« kann.

Einsam, hager, vorgebeugt
Geht der Dichter durch die Straßen
Seiner Stadt, die sonder Maßen
Von der Macht der Träume zeugt.

Träumer sehn sie unberührt,
Ahnung überlebt das Neue,
Dieses Dichters Traumestreue
Ward vom Wandel nicht verführt.

Troubadour des alten Prag,
Das wir fürder lieben sollen,
Preist er aus dem übervollen
Sehnsuchtsherzen Traum und Tag.

So pries Otto Pick seinen Freund Paul Leppin, über dessen Sammlung FRÜHLING UM 1900, die 1936 erschienen war, er hatte sagen können: »In allen seinen Werken hat dieser reinste Prager deutsche Dichter seiner Vaterstadt gehuldigt. Die Huldigung aber, die er ihr diesmal darbringt, ist die innigste. Lyrik und Prosa, Betrachtung und Briefnovelle, Märchen und Legende verschmelzen zur Einheit, denn in allen schlägt im Gleichtakt das Herz eines wundergläubigen Dichters, dem das alte Prag zum Schicksal geworden ist. ›Damals, in dieser wundervollen aus Andacht gewirkten Zeit vor dreißig Jahren, war das Glück für alle da, auch für die Mühseligen und Bresthaften‹, heißt es in Leppins LEGENDE VOM KRÜPPEL. Aus Andacht gewirkt sind auch die Erinnerungen an jene Zeit, die er heraufbeschwört, ohne Wehleidigkeit, ohne Groll auf das Neue, wohl aber im Bewußtsein der Gnade, die ihn im alten Prag seine Dichterwerdung erfahren ließ. Man wird dieses lebensweise und doch von jugendlich-törichter Unbekümmertheit geschwellte, dieses in der Darstellung von hundert Schicksalen des Dichters eigenes Schicksal umkreisende Buch neben Nerudas ›Kleinseitner Geschichten‹ stellen, weil es vom gleichen Mitgefühl für die Mühseligen und Beladenen zeugt und von Erinnerungen trächtig ist, die wahrlich wert sind, der heutigen und den zukünftigen Generationen überliefert zu werden.« Und Stefan Zweig fügt in seinem Vorwort zu Leppins letzter Sammlung, die zu des Dichters Lebzeiten veröffentlicht wurde, der PRAGER RHAPSODIE, hinzu: »Alles, was uns immer wieder an Prag so dichterisch berührt, die Noblesse seiner alten Bauten, das Schattenhafte und oft Skurrile und Verwinkelte seiner engen Gassen und die süße Melancholie, welche ihre Sphäre (vielleicht vom Slawischen her) überschwebt, findet sich wieder in Paul Leppins Gedichten, die wie Prags schönste Häuser aus einer verschollenen Zeit stammen und doch durch Schönheit nicht veralten. Wie es beglückend ist, allein und abendlich durch jene Gassen von Haus zu Haus, von Platz zu Platz, von einem zu andern zu gehen, so bereichert es, in diesem Buche Blatt für Blatt, Gedicht für Gedicht von einem zu andern zu lesen, nicht zu ungestüm, nicht zu gierig und dafür an den kleinen Zärtlichkeiten, an den feinen Arabesken und verschatteten Ornamenten umso inniger sich erfreuend. Non multa sed multum: nie kommt es im Dichterischen darauf an, viel zu geben, sondern nur, den vorgesetzten Raum vollkommen zu umrunden, das Eigene auf eigene Weise zu sagen und einer unbeständigen Zeit beständige innere Haltung entgegenzusetzen. Daß dies unwiderleglich Paul Leppin auf das reinste und redlichste getan, scheint mir sein Buch zu bezeugen, das er uns endlich und zu dauerhafter Freude schenkt.«

Um das Bild Paul Leppins abzurunden, wurden in den vorliegenden Band neben einer kleinen Auswahl von Prag-Gedichten und Prosastücken aus FRÜHLING UM 1900 und der zweibändigen Sammlung PRAGER RHAPSODIE auch einige Werke aufgenommen, die in Zeitungen oder im Nachlaß vergilbten. Sie alle zusammen werden hoffentlich die Urteile der Zeitgenossen verständlich werden lassen, die Leppins Prosa wie Otto Pick als »kleine Meisterwerke einer Erzählkunst« sahen, »die epische Sicherheit mit ehrlichem Empfinden vereint und im deutschen Schrifttum der Tschechoslowakei ihresgleichen nicht hat«. Es sind »Alltagserlebnisse, stets überstrahlt vom Glanze einer Menschlichkeit«. Ludwig Winder hatte sicherlich nicht unrecht, als er zu Leppins 50. Geburtstag schrieb: »Sie irren aber, diese immer zeitgemäßen Leute mit dem Tempo und dem vorgeblichen Rhythmus unserer Zeit, wenn sie glauben, daß eine Erscheinung wie Leppin der Vergangenheit angehört. Es gibt eine Menge smarter Schriftsteller, die so viel Tempo haben, daß der versnobteste Bankdirektor ihnen nicht nachkommt; diese Zeitgemäßen werden in ein paar Jahren so antiquiert wirken, daß kein Mensch begreifen wird, warum man sie einmal für Dichter gehalten hat. Ich habe den festen Glauben, daß Leppin alle diese Tagesmodernitäten überdauern wird, weil er vielen aus der Seele spricht, die kein Mundwerk und kein Tempo haben, aber trotzdem besser als die Alleswisser wissen, was wichtig und wesentlich ist. Ich glaube, daß die kommenden Geschlechter, angewidert von der Rekordraserei unserer Übergangszeit, einen Dichter wie Leppin schätzen und lieben werden.«

Hamilton, New York, im Frühjahr 1990 Dirk O. Hoffmann

„PRAGER TAGBLATT"
HEINR. MERCY SOHN.
EXPEDITION
PRAGER TAGBLATT
ADMINISTRATION
ERZEUGUNG
SCHUHWAREN
DAMEN
GUNG:

Bibliographische Angaben

Altmodisches Frühlingslied
Erstdruck in Deutsche Zeitung Bohemia LXXXIII, 86 (27.3.1910), Osterbeilage

Alt-Prager Erinnerungen
Erstdruck in Donauland I (1917)

Alt-Prager Motiv
Erstdruck in Sudetenland XXI, 1 (1979)

Angst
Erstdruck in Deutsche Arbeit X, 1 (1910/II)

Aus einem jungen Jahr
Erstdruck in Prager Rhapsodie, Bd. 1: Helldunkle Strophen (1938)

Bergpredigt in der Schänke
Erstdruck in Prager Tagblatt LIV, 256 (2.11.1929)

Erinnerungen an Abraham
Erstdruck in Prager Presse VII, 133 (15.5.1927), »Dichtung und Welt«

Erlauschte Legende
Erstdruck mit dem Titel »Legende vom Wunder« in Prager Presse XVII, 17 (17.1.1937), »Welt am Sonntag«

Frühherbst im Baumgarten
Erstdruck in Prager Presse IV, 272 (2.10.1924)

Frühling um 1900
Erstdruck mit dem Titel »Prager Frühling um 1900« in Prager Tagblatt LIX, 77 (1.4.1934), »Der Sonntag«

Gebet für die Heimat
Erstdruck in Prager Presse XV, 349 (25.12.1935), »Welt am Sonntag«

Das Gespenst der Judenstadt
Erstdruck in Der Sturm V (1914/15)

Das Haus am Meer
Erstdruck in Deutsche Arbeit XVII (1917/18)

Kitsch
Erstdruck in Deutsche Zeitung Bohemia XCVII, 263 (9.11.1924)

Kollegentag
Erstdruck in Prager Tagblatt XLVIII, 266 (14.11.1923)

Moldauwunder
Erstdruck in Prager Tagblatt LX, 156 (6.7.1935), »Der Sonntag«

Nikolotage im alten Prag
Erstdruck in Prager Presse VII, 333 (4.12.1927)

Prager Kirchen
Erstdruck mit dem Titel »Verkündigung« in Prager Tagblatt LVIII, 91 (16.4.1933)

Prager Fiaker-Erinnerungen
Erstdruck in Prager Tagblatt LIV, 134 (8.6.1929)

Prager Legende
Erstdruck in Prager Tagblatt LII, 305 (25.12.1927), Weihnachtsbeilage

Sehnsucht nach Prag
Erstdruck in Prager Nachrichten XXV, 5/6 (1975)

Weinstubenerinnerungen
Erstdruck in Prager Presse I, 176 (22.9.1921)

Bildbibliografie

Bereits erschienen:

PAUL LEPPIN
»Severins Gang in die Finsternis«
– Ein Prager Gespensterroman –
gebunden, 112 Seiten, ISBN 3 926532 13 0

»Dies ist ein Gespensterroman, in dem kein Gespenst unheimlich Grausen verbreitend auftritt, sondern eins der stillsten, unaufdringlichsten und dennoch ernstesten, künstlerischsten Bücher, die in den letzten Monaten emportauchten. Zugleich ein Buch, das beunruhigt, das niederdrückt, das ein wirreres Grauen in uns weckt als unheimliche Geschichten und spukhafte Abenteuer. Denn das Grauen rührt uns an, welches das Leben, das Geschehen an sich birgt, jenes scheinbar hintaumelnde, sinnlose Geschehen, das unbiegsam, unverwirrbar trotz aller Wirrnis zu seinem Ziele zwingt.«

Kurt Pinthus